AF389984

# LE VRAI CHANT

## DU

# VRAI PSAUME HUGUENOT

# LE VRAI CHANT

## DU

# VRAI PSAUME HUGUENOT

*par*

## E. DOUMERGUE

*Doyen honoraire de la Faculté libre*
*de théologie protestante*
*de Montauban*

ÉDITIONS " LES CÉVENOLS " N° 2

S'adresser à M. Pic, Paul, pasteur, Lézan (Gard)

# INTRODUCTION

---

# LE PLAIN-CHANT ET LE CHORAL

---

# INTRODUCTION

# LE PLAIN-CHANT ET LE CHORAL

Avant le *Psaume huguenot*, il y a eu *le Plain-chant catholique*, et *le Choral luthérien*. Pour bien comprendre ce qu'a été le Psaume, la place qu'il occupe dans l'histoire du chant d'Eglise, il est donc utile d'avoir une idée au moins sommaire du développement historique qui l'a précédé, et dont il a été comme une conclusion.

## I

## Le Plain-chant catholique

Qu'est-ce que le Plain-chant ?

Voici sa définition : « Le Plain-chant est le chant *plane, planus, la musique plaine,* comme disait le vieux français ; ce qui veut dire le chant tout uniforme, tout simple, tout uni » [1].

---

1. C'est ce que dira Joseph d'Ortigue, dans son *Dictionnaire de Plain-chant et de Musique d'Eglise,* article « Harmonie »,

### I

Michelet l'appelle « le morne chant, qu'un grand troupeau humain, sous le bâton du chantre officiel, répétait éternellement, dans un prétendu unisson, chaos de dissonances. » Avant Michelet, Luther avait émis un jugement plus sévère encore, à propos de « l'âne qui brait le plain-chant ». Et, avant Luther, un prêtre du xe siècle, Jean le diacre, avait décrit le plain-chant chez les Gaulois et les Germains :

« Leurs voix grossières retentissaient *comme le tonnerre...* parce que leurs gosiers, habitués aux boissons énivrantes, et que, d'ailleurs, l'art n'avait jamais formés, se refusaient à ces inflexions que réclame l'exécution d'une mélodie suave et douce ; de telle sorte que leur voix détestable, et leur timbre révoltant laissaient seulement échapper des sons, qui ressemblaient au bruit, au fracas, aux saccades de charriots de bagages, qu'on précipiterait du sommet d'une hauteur [1] ».

Seulement, ce qu'il faut ajouter tout de suite, c'est que ce Plain-chant n'est ni *tout* le Plain-chant, ni le *vrai.* C'est le Plain-chant dégénéré, abatardi ; c'est la caricature du Plain-chant, caricature ancienne, mais caricature. Remontons aux origines.

### 2.

L'origine, c'est le temple de Jérusalem [2], auquel

---

1. Abbé A. Contensou : *Précis historique sur la notation musicale,* 1898, p. 15.

2. Le chant chrétien des Psaumes, dans ses formes diverses, depuis la simple récitation jusqu'au *cantus alleluyaticus* richement orné, se rapproche sans doute du vieux chant juif dans

les premiers chrétiens empruntèrent les Psaumes, paroles, musique et notation musicale.

Du temple, et de la vieille synagogue, ce chant ecclésiastique passa très vite dans les premières églises d'Orient. D'Orient, il arriva à Rome. De Rome, il se répandit en occident, et s'établit, tout particulièrement, à Milan, où Ambroise [1] le marqua de sa forte empreinte. Et ce fut le *Chant ambrosien,* première forme du *Plain-chant.*

C'était l'époque terrible, où l'impératrice Irène mettait au service de l'hérésie toutes les violences du bras séculier. Elle veut chasser l'évêque. Celui-ci s'enferme dans son Eglise avec les fidèles, et alors pour les tenir, jour et nuit, en éveil, il emprunte à l'Orient le chant des Psaumes, avec versets, alternativement chantés par des chœurs, qui se répondent. C'est le chant *antiphonaire.* Puis, seconde innovation, plus importante que la première, à côté du Psaume, il introduit le *Cantique.* Sans doute, le cantique (c'est-à-dire le chant dont les paroles ne sont pas textuellement bibliques), date des origines de l'Eglise, sous le nom d'Hymnes. Cependant le vrai père du Cantique fut saint Ambroise, avec ses hymnes [2], dont le texte exprime des pensées très chrétiennes dans une

---

le temple, beaucoup plus, et doit être considéré comme sa conservation, plus que le chant actuel de la synagogue, dans ses différentes formes. (Hugo RIEMANN : *Handbuch der Musik Geschichte,* I, 2, 1905, p. 182).

1. Saint Ambroise, un des plus grands évêques de l'Eglise, et un des plus grands hommes de l'histoire ; saint Ambroise, qui arrêtait l'empereur interdit au seuil de la basilique, qui se rendait seul dans le camp du général barbare et victorieux, et lui imposait la paix ; qui donna saint Augustin à sainte Monique, à l'évangile et à la civilisation, et aux sermons duquel les mères n'osaient plus conduire leurs filles, parce que, est-il dit, il les séduisait toutes à l'éternelle virginité.

2. Nous en possédons au moins quatre d'authentiques. Parmi ces quatre, se trouve le *Veni, redemptor gentium.*

langue à la fois magnifique et simple, et — surtout
— dont la mélodie  est celle des chansons les plus
populaires, les plus entraînantes. Le génie religieux
d'Ambroise venait de créer le *Volkslied* chrétien, la
chanson chrétienne, notre cantique [1].

Le succès fut prodigieux. Saint Augustin raconte
qu'en écoutant il versait d'abondantes larmes. Les
soldats, envoyés pour tenir fermées les portes de la
basilique, finirent par mêler leurs voix à celles de
leurs prisonniers ; et les Ariens, vexés, furieux d'un
pareil triomphe, déclarèrent que saint Ambroise avait
ensorcelé ses auditeurs par des sortilèges !

Mais en quoi, exactement, consistait ce que l'on
appelle le *Chant ambrosien,* spécialement celui de la
liturgie ? On ne le sait guère. On suppose que, sauf
certaines particularités, le *Chant ambrosien* se retrouve dans ce qui en fut une « revision » et une
« habile abréviation » [2], le *chant gregorien* (ou Plain-
chant) [3].

3.

Saint Grégoire [4] venait deux siècles après saint
Ambroise. Ambroise avait été un grand chrétien ;
Grégoire fut un grand catholique [5], moins populaire
et moins biblique, plus clérical et plus hiérarchique,

---

1. La même mélodie pour chaque strophe, et une note pour
chaque syllabe.

2. Peter WAGNER : *Ursprung und Entwickelung der liturgi-
schen Gesansgsformen bis zum Ausgang des Mittelalters,* 1901,
p. 217.

3. Chant grégorien (du nom de son principal auteur), chant
romain (du nom de la ville d'origine), ou Plain-chant, c'est
un seul et même chant.

4. Né en 540, mort en 604.

5. D'une charité inépuisable pour les autres, d'une sévérité
rigoureuse pour lui-même, surnommé le père des moines et des
cérémonies, il propagea la religion des œuvres et des mérites,
ainsi que le culte des reliques et des saints.

avec un génie liturgique et musical de premier ordre. « Il institua, nous est-il raconté, une Académie de chantres, la *Scola cantorum*, pour qu'ils se rendissent parfaits dans l'art de chanter juste ; il les enseignait lui-même et, même pendant sa maladie, de son lit de repos, il ne laissait pas de leur donner ses leçons. A ce sujet, Jean-le-Diacre, nous assure que, de son temps (c'est-à-dire au x⁰ siècle), on gardait encore dans le palais du Latran, le lit, et, aussi, le fouet, avec lequel saint Grégoire menaçait les jeunes élèves, et les enfants de chœur, quand ils ne prenaient pas bien l'intonation, et qu'ils manquaient aux principes de l'art » [1].

Les vrais maîtres, anciens et modernes, de la musique religieuse, s'accordent à reconnaître au Plainchant authentique les caractères précisément contraires à ceux qu'on lui prête d'après sa caricature. Les savants catholiques parlent de liberté [2], et de variété, et de richesse [3], et de simplicité, de naturel et de douceur harmonieuse. Et les savants protestants les moins suspects et les plus compétents renchérissent : « Le chant grégorien, dit l'un, est de toutes les créations que l'Eglise a jamais favorisées, la plus autonome, la plus originale, la plus profonde, la plus

---

1. Abbé A. CONTENSOUN : *Etude historique* sur les origines du chant religieux en général et sur la constitution du chant ecclésiastique ou Plain-chant, 1893, p. 23.

2. « Le chant grégorien a libéré la mélodie des liens de la prosodie ».

3. Il y a autant d'espèces de mélodies grégoriennes, qu'il y a d'espèces de textes liturgiques.

« Le chant grégorien, dit dom Pothier, est un chant éminemment riche, mais aussi éminemment simple et naturel ». L'auteur d'un petit manuel, à l'usage des séminaires, maîtrises, écoles de plain-chant et lutrins, donne à ses élèves les conseils suivants : « Le rythme du Plain-chant est libre, indépendant, c'est le rythme harmonieux, mais libre et varié de la prose latine ».

grandiose. Et le dernier, le savant allemand et protestant, le plus autorisé, dit : « Dans les chants grégoriens, il y a une richesse musicale, une beauté et un caractère, qui atteignent le plus haut degré imaginable » [1].

### 4.

Sans entrer dans de trop longs détails, disons qu'il y eut la *psalmodie;* « modus legendi choraliter » (manière de lire, de réciter, en chœur), qui consiste à *accentuer* les syllabes (de là son nom latin *d'accentus*), en élevant, ou abaissant légèrement la voix [2]. Ainsi étaient lus, ou « accentués », les Psaumes; et le terme spécial de *Psalmodie* devint le terme générique pour la lecture de toute la Bible, évangiles, épîtres, etc.

### 5.

Après *la psalmodie (paroles bibliques* avec *simple accentuation (accentus),* il y eut *le Cantique,* c'est-à-dire les *paroles non bibliques,* avec chant *(concentus).*

Les paroles offrent tous les degrés de simplicité et de complication, depuis l'*amen* et le simple *répons* jusqu'au poème à plusieurs vers et plusieurs strophes.

---

1. H. KRETSCHMAR : *Führer durch den Konzert-Saal,* 3ᵉ éd. 1905, II, p. 5.

2. Les hommes de l'Eglise ancienne pensaient que les textes sacrés étaient trop augustes, pour que leur lecture fut livrée aux hasards, aux défectuosités, aux vulgarités des gosiers et des accents individuels. Et, de même que le prêtre, pour le culte, revêt un habit sacerdotal, qui dissimule les défectuosités, ou les caprices de la taille et des tailleurs, de même, pensèrent-ils, le lecteur doit revêtir une voix sacerdotale, majestueuse, ample, dont les tons, les mêmes pour tous, laissent l'auditeur tout entier recueilli dans l'audition et la méditation de la parole sainte.

L'erreur a été grande, et longue de croire que le Moyen-Age a ignoré le cantique. En 1897, un érudit avait découvert 22.000 cantiques latins, et les découvertes ont continué !

Ce qui frappe le plus dans la forme littéraire des Cantiques, ce sont les assonances, c'est-à-dire les sons identiques, qui reviennent, plus ou moins régulièrement à la fin, et même au milieu des vers, premier balbutiement de notre rime moderne.

Ainsi, au Xe siècle, le roi Robert-le-pieux chante :

> Veni sancte spiri*tus*
> Et emitte cæli*tus*
> Lucis tuæ ra*dium.*
> Veni pater paupe*rum*
> Veni dator mune*rum.*
> Veni lumen cor*dium*... [1]

Ces assonances atteignent comme leur maximum d'effet dans le célèbre cantique du XIIe siècle, de saint Bernard [2] (ou de son école), le cantique du Vendredi-Saint, dont les échos résonnent toujours dans nos églises chrétiennes. Car Paul Gerhard en a fait, en allemand, son *O Haupt, voll Blut und Wunden,* et Vinet son : « Sous ton voile d'ignominie » :

> Salve, caput cruenta*tum,*
> To*tum* spinis corona*tum*
> Conquassa*tum,* vulnera*tum*
> Arundine sic verbera*tum !*... [3]

---

1.
> Viens, Saint-Esprit,
> Et émets du haut du ciel
> Le rayon de ta lumière.
> Viens, père des pauvres,
> Viens, donneur de grâce,
> Viens, lumière du cœur, etc.

2. St Bernard, le prédicateur des peuples, le dompteur de l'hérésie, le pacificateur des princes, le conseiller des empereurs et des papes, « la plus grande puissance de son époque, et en même temps le chrétien qui a le plus senti les vices de son Eglise, qui en a le plus désiré la Réformation, et dont l'amour doux et ardent pour Jésus a fait l'initiateur des cantiques sur le Christ, du cantique chrétien proprement dit ».

3.
> Salut, tête ensanglantée,
> Toute d'épines couronnée,
> Meurtrie, blessée,
> Par un roseau ainsi frappée, etc.

## 6.

A propos de la musique, notons seulement la musique des morceaux, *irrégulièrement chantés,* selon le moment, ce qu'on appelle *le propre du temps*... Un de ces morceaux doit nous arrêter ; c'est l'*Alleluia,* mot et chose empruntés, comme toujours, à la synagogue. Dans l'alleiuia, la dernière voyelle, *a,* était prolongée par une série de notes, formant une modulation, une mélodie : car, est-il dit, la joie des saints, dans les cieux, est interminable et ineffable. Ces notes, sans paroles, portaient le nom de *jubile* (jubilations), ou de *sequentia* (« ce qui suit », à cause de leur place dans la liturgie), et ce fut un chant très usité en Orient. On a des volumes ne contenant que des alleluia — les *alleluiaires* —; les chrétiens coptes jubilaient ainsi pendant un quart d'heure.

Or, au commencement du x$^e$ siècle, le célèbre abbé de St-Gall, Nother, trouvant difficile de se rappeler les sons sans paroles, ces *longissimæ melodiæ,* eut l'idée de mettre sur les notes des paroles, véritables cantiques. qui prirent à leur tour le nom de *sequentia,* Sequences[1]. Et ces sequences, plus chantantes que les morceaux de plain-chant, d'une inspiration plus individuelle, représentèrent l'élément populaire du chant religieux, furent une sorte de protestation contre l'élément plus aristocratique, plus conservateur ; *et,* après avoir été usitées dans certains cultes particuliers, dans certaines fêtes, elles s'introduisirent peu à peu dans la liturgie ; *et,* de l'humble début

---

1. Les Séquences sont aussi appelées, en France, surtout, proses. On a dit que c'était une abréviation de : *pro sequentia,* pro se...a.

avec Notker, elles se développèrent si merveilleusement, qu'elles atteignirent la première place, devinrent la plus grande puissance dans le domaine de la poésie religieuse, *et* finalement menacèrent les anciennes formes. L'Eglise de Rome, qui s'était le plus opposée à la première forme du Cantique, les *Hymnes* (on s'est demandé si elle l'avait autorisée avant le XII<sup>e</sup> siècle), s'opposa aussi à la seconde forme, les *séquences*. Le pape Pie V essaya de les bannir complètement, en 1568. Quelques-unes restèrent, et ce furent, à tous les points de vue, les cantiques les plus célèbres.

## 7.

Deux se distinguent de tous les autres : le *Dies iræ* et le *Stabat mater,* l'un qui a excité le génie de Mozart, l'autre qui a excité le génie de Palestrina et de Pergolèse, — l'un et l'autre, composés au XIII<sup>e</sup> siècle, par deux disciples de saint François d'Assise. Et ce n'est point par hasard, je m'imagine, que le saint le plus pieux, le plus évangélique de la fin du Moyen Age, — celui dont la piété fut capable de retarder de deux siècles la ruine de l'Eglise et l'avènement de la Réformation, — a ouvert, par cette piété même, la source de la plus profonde, de la plus sublime poésie que l'église romaine ait jamais connue.

Le *Dies iræ,* le chant gigantesque, comme on l'a appelé, a été composé aux heures pendant lesquelles sévissait en Europe, la mort noire. Le vent d'une épouvante indicible souffle à travers ces strophes, et vient encore faire tressaillir nos nerfs eux-mêmes.

« Avec l'homme qui lirait ce cantique sans frémir, a dit quelqu'un, je ne voudrais pas vivre un instant sous le même toit ». Les assonances résonnent comme des coups de marteau sur la poitrine humaine.

> Dies iræ, dies illa
> Solvet sœclum in favilla
> Teste David cum sibylla.
> Quantus tremor est futur*us*
> Quando judex est ventur*us*
> Cuncta stricte discunur*us !*
>       Mors stupebit... [1]

De qui est ce cantique ? La dernière strophe nous le dit :

> Rex tremendæ majes*tatis,*
> Qui salvandos salvas *gratis,*
> Salva me, fons pie*tatis.*

*Qui salvandos salvas gratis !* Seule l'âme du saint d'Assise pouvait laisser échapper cette prophétie évangélique du salut gratuit, du salut par la foi, qui devait faire notre réformation. L'auteur du cantique est bien Thomas de Celano, le disciple de saint François.

## 8.

Et voici le *Stabat mater.* « La liturgie catholique, dit Ozanam, n'a rien de plus touchant que cette complainte si triste, dont les strophes monotones tombent comme des larmes, — si douce qu'on y reconnaît bien une douleur toute divine et consolée par les anges ; si simple enfin, dans son latin populaire, que les femmes et les enfants en comprennent la moitié par les mots, l'autre moitié par le chant et par le cœur. »

---

1. Jour de colère, ce jour-là ] Le siècle en poudre volera ] David l'atteste et la sybille ] — Quelle terreur sera ] Quand le Juge viendra. ] Et tout exactement discutera. ] — La mort stupéfaite restera...

2. Roi terrible de majesté, ] Qui sauves gratis ceux qui doivent être sauvés, ] Sauve-moi, source de piété...

Dans le cœur naïf, mystique, ardent de Jacopone,
brûlait le même désir que dans celui de saint François : Vivre et souffrir, avec le Christ : « Pourquoi
pleures-tu, lui demandait-on, un jour qu'il était bai-
gné de larmes ? — Parce que l'amour n'est pas
aimé », répondit-il en pleurant, et aimant, il embras-
sait la nature inanimée en prononçant le nom de
Christ, — tandis que sa conscience modeste lui disait qu'il n'était pas digne de devenir prêtre, et tandis que sa conscience héroïque le faisait résister au
pape Boniface VIII, qui le jettait dans un cachot !

> Stabat mater dolorosa,
> Juxta crucem lacrymosa
> Dum pendebat filius ;
> Cujus animam *gementem*
> Contristatam ac *dolentem*
> Pertransivit gladius.
>
> O quam tristis et afflic*ta*
> Fuit illa benedic*ta*
> Mater unigeni*ti*
> Quæ moere*bat* et dolebat,
> Et treme*bat*, cum vide*bat*,
> Nati poenam inclyti.
>
> Eia, mater, fons am*oris*,
> Me sentire vim *doloris*
> Fac, ut tecum lug*eam ;*
> Fac ut ardeat cor me*um*
> In amando Christum D*eum*
> Ut sibi complac*eam ;*
>
> Quando corpus mori*etur*
> Fac ut animæ do*netur*
> Paradisi gloria.

---

1. Elle se tenait la mère douloureuse ] Près de la croix, pleu-
reuse ] Pendant que son fils était cloué ] Elle dont l'âme gé-
néreuse ] Navrée et dolente ] Par un glaive était percée ]
O combien triste et affligée ] Fut cette femme bénie ] Mère
du fils unique ] Qui s'attristait, se lamentait ] Et frémissait,
quand elle voyait ] Les peines de son fils illustre.
O mère, fontaine d'amour ] Fais-moi sentir la force de la

### 9.

En passant du *Plain-chant* au *Choral,* nous allons passer du *Moyen âge* aux *Temps modernes,* et, au point de vue musical de la *Mélodie* à l'*Harmonie.*

Il sera très instructif, croyons-nous, pour nous guider dans nos réflexions ultérieures, de résumer ici quelques-unes des conclusions auxquelles est arrive le très savant Joseph d'Ortigue, dans son *Dictionnaire de plain-chant et de musique d'Eglise,* 1853 (in-folio de plus de 1500 pages, collection de l'abbé Migne, *Nouvelle Encyclopédie théologique,* tome XXIXe).

1° — *Mélodie et Harmonie.* — Il y a deux genres de musique : la musique in-harmonique, c'est-à-dire qui ne comporte pas d'harmonie, c'est-à-dire qui ne comporte que la mélodie, et la musique harmonique (p. 672).

La musique in-harmonique ou la mélodie, c'est la musique des peuples anciens, et des peuples du Midi, les Grecs, les Latins· — La musique harmonique est la musique des peuples modernes, des peuples du Nord, en particulier des Allemands (p. 1187).

2° — *Parole et musique.* — Une des différences les plus essentielles entre la Mélodie (musique ancienne) et l'Harmonie (musique moderne), c'est que la Mélodie est un « système de musique lié à la parole », tandis que l'Harmonie est un « système de musique indépendant de la parole » (p. 673).

---

douleur, ] Fais que avec toi je gémisse, ] Fais que mon cœur brûle ] D'amour pour le Christ Dieu ] Pour que je lui complaise.
Et quand le corps mourra ] Fais qu'à mon âme soit donnée ] **Ta gloire du paradis.**

La Mélodie exprime l'idée, l'Harmonie exprime le sentiment.

La musique mélodique est caractérisée par « l'alliance intime de la parole et de la musique » (p. 672). Avec l'Harmonie, « l'art a un langage vague, indéterminé au point de vue de l'idée pure, mais illimité au point de vue du sentiment » (p. 673).

Notre auteur, qui est loin d'être un adversaire de l'Harmonie, qui reproche même à J.-J. Rousseau de l'avoir été, conclut : « De ce qui précède, on conclut que l'Harmonie n'a qu'un mouvement matériel, stérile, borné ; que le mouvement fécond, intelligent, appartient exclusivement à la Mélodie, par laquelle seule l'idée se manifeste ; qu'isolée l'Harmonie ne signifie rien, n'exprime rien ; à moins que la Mélodie n'ait laissé, pour ainsi dire, à la surface du tissu harmonique, comme quelque chose de son empreinte » (p. 1198).

Aussi l'exécution du Plain-chant vrai, de la Mélodie, exige-t-elle une intelligence particulière des paroles chantées, des phrases chantées : Il faut « bien comprendre les différents rapports de la lettre pour les faire accorder, en sorte que le substantif ne soit point séparé de son adjectif, le cas de son verbe, la préposition de son régime » (p. 1232). Il faut « observer exactement que les chutes, les repos, les notes terminantes ne se trouvent qu'où le sens des paroles le peut souffrir » (p. 1233).

3° — *Le rythme et la mesure ;* et ceci est la conséquence de cela.

Le Plain-chant (et toute mélodie) est enfin caractérisé par l'observation du rythme. « La mesure [le bâton de mesure] est étrangère au Plain-chant » (p. 1193).

De même que la rime, et les lois de la versification

ne constituent pas la poésie, de même le beau musical est indépendant de la mesure » (p. 1197).

« Le rythme obéit au mouvement de l'âme, qui se manifeste par le principe mélodique. La mesure est une division inflexible, et en quelque sorte fatale de la durée. D'où il résulte, d'un côté, que le rythme est inhérent à toute musique, comme à la parole, ...d'un autre côté, que la mesure n'est pas un élément essentiel de la musique » (p. 1197) [1].

# II

# Le choral luthérien

Le Plain-chant, venu d'Orient, était resté un chant à l'unisson. Apparu dans le Nord, chez les Celtes, ou les Germains, le chant à plusieurs parties se développa de toutes manières, depuis le chant à deux ou trois parties du IXe siècle, et du Xe, jusqu'au chant du XVe, à douze, seize, vingt-quatre parties, et plus ; il s'introduisit dans l'Eglise, et y tomba en une corruption non moins profonde que celle du Plain-chant.

---

1. Je me permets de faire observer à mes lecteurs que l'ouvrage de d'Ortigue (collection Migne) est tombé entre mes mains, seulement à la fin de toutes mes recherches et études, alors que mon volume était déjà imprimé et que j'en corrigeais les dernières épreuves. Je n'ai pu ajouter que ces quelques pages dans mon introduction, à la fin du paragraphe sur le Plain-chant, et deux ou trois notes. D'autre part, cet ouvrage, paru il y a près de 70 ans, est singulièrement étranger à toutes mes préoccupations modernes calvinistes et théologiques. Or j'ai rencontré chez lui, quelquefois presque mot à mot, plusieurs des thèses fondamentales auxquelles je m'étais rattaché, et que j'ai essayé de démontrer. Il m'a semblé qu'il y avait là une vérification et une justification notables de mon travail.

Tandis qu'une troupe de chantres, nous est-il raconté, entonnait un *Sanctus* ou un *Incarnatus,* les autres, accompagnés par la foule, chantaient : « *Robin m'aime : Trop m'a amour assaillie* ». Et, en plein Vatican, le maître de chapelle parlait au saint Père du Magnificat : « *Margot dans un jardin* », ou de la Messe : « O Vénus, la belle ! » de telle sorte que Michelet, après avoir stigmatisé « le prétendu unisson, chaos de dissonances », a pu stigmatiser également « la farce obscène et pédantesque des messes galantes, dont l'*Introit* était un appel à Vénus, et dont le *Te Deum,* rendait grâce à l'Amour »[1].

L'état musical de l'Eglise, au xvi⁰ siècle, valait son état religieux.

I.

Laissant de côté les Psaumes, et ne s'occupant que de cantiques, Luther puisa d'abord à la source, si riche, des cantiques latins et traduisit quelques-uns des plus beaux. Il puisa aussi à la source, plus riche qu'on ne le pense en général, des cantiques en langue vulgaire. Car il y en avait plus de 1.400, comptent les érudits : tel le Cantique de Pâques « *Christ ist erstanden* », du xiii⁰ siècle, et que l'on chante encore tel quel. Mais ces cantiques n'étaient usités que dans certaines fêtes semi-religeuses, dans les pèlerinages, les processions. La liturgie restait latine, et un abbé, du nom de Pirminius, exprimait bien la pensée et la règle de l'Eglise, quand il disait : « Le peuple doit prier en silence, et chanter seulement dans son cœur ».

---

1. MICHELET : *La Réforme,* p. 94. — Voilà ce dont il faudra se souvenir, quand on lira plus loin une certaine phrase de Calvin sur les fringots et les fredons de la papisterie.

En conséquence, si Luther n'est pas tout à fait le *Créateur* du cantique, il n'en est pas moins le *Réformateur* et le *Fondateur* du chant chrétien populaire dans l'Eglise. Car il a fait ces trois grandes choses : il a constitué la communauté des fidèles, qui seule peut chanter, et qui n'existait pas ; il a ouvert, pour cette communauté, la seule source d'où peut vraiment jaillir le cantique chrétien et qui était fermée, la Bible ; et il a lui-même puisé à cette source, en composant ses 37 cantiques, types, modèles du genre, adaptations naïvement merveilleuses des sentiments les plus bibliques et les plus pieux, au tempérament, à la langue, à l'âme de l'Allemagne la plus allemande !

Ici les faits sont admirablement précis et éloquents. En 1522, paraît la préface de la traduction de la Bible ; en 1523, paraît le premier cantique. Ceci sort de cela, mot à mot ! La préface de l'Evangile, 1522, dit : « C'est la bonne nouvelle dont on chante, parle et est joyeux. Chantons, sautons et soyons joyeux ». Et le cantique de 1523 s'écrie : « Maintenant réjouissez-vous, chers chrétiens, et sautons joyeusement, sans crainte ; chantons »[1]. Déjà au xvie siècle, on disait que ce cantique avait converti des centaines de catholiques, même des villes entières. Et le fameux dithyrambe de Michelet se trouve être une simple page d'histoire documentaire : « Vous la laissiez inguérissable, l'âme humaine, inconsolable, jusqu'au premier chant de Luther. C'est lui qui commença, et

---

1. *Nun freuet euch.* — Voici le passage presque intraduisible de la préface de 1522 : « L'évangile est un mot grec et signifie en allemand bonne nouvelle (*Botschaft*), bon bruit (*Mähre*), bonne nouvelle (*Zeitung*), bon cri (*Geschrei*), dont on chante, parle, et est joyeux ; comme lorsque David vainquit le grand Goliath ; un bon cri (*Geschrei*) et une consolation nouvelle (*Zeitung*) se répandit dans le peuple juif et ils chantèrent et sautèrent, et furent joyeux ».

alors toute la terre chanta, tous, protestants et catholiques. Ce fut un chant vrai, libre, pur, un chant du fond du cœur, le chant de ceux qui pleurent, et qui sont consolés, la joie divine parmi les larmes de la terre, un aperçu du ciel, etc [1].

2.

Et pour la musique ? Les aptitudes musicales de Luther sont aussi incontestables que ses aptitudes poétiques. De plus, il avait reçu une très sérieuse éducation théorique et pratique. Dès son enfance, il avait fait partie de ces chœurs d'écoliers, qui ne se contentaient pas de chanter devant les portes, pour recevoir un morceau de pain, mais qui étaient assez exercés dans l'art alors difficile du chant à plusieurs parties pour remplacer les chantres dans les grandes églises. — Et à Eisenach, chez Ursula Cotta [2], et au couvent d'Erfurt, il n'avait cessé de cultiver et de développer ses talents, si bien que plus tard, dans la fameuse « chambre » (*Wohnstube*) de Wittemberg, c'est une véritable « chapelle » familiale, que nous trouvons réunie sous la direction du Réformateur. — Le repas vient de finir. « Eh ! bien, prélats, demandait Luther à ses convives, collègues, pasteurs, étudiants, qu'y a-t-il de nouveau à Rome ? » Puis, interrompant les « propos de table », pendant que Catherine de Bora vaquait aux soins du ménage, et que

---

1. MICHELET : *Histoire de France,* vol. VII. Réforme, chap. VI. La Musique. Luther. — Il faut lire en entier ces trois ou quatre pages sublimes.

2. C'est par son beau chant que Luther attira sur lui l'attention d'Ursula Cotta, la riche matrone d'Eisenach, chez qui il apprit à jouer d'un instrument de plus, la *Laute*, espèce de guitare ou de mandoline, pendant qu'une blessure au pied le condamnait à une réclusion prolongée.

tante Lehne se réchauffait près du grand poêle vert,
Luther allait dans son cabinet chercher les cahiers de
musique. On a publié, en fascicule, un de ces cahiers,
celui, sur la couverture imagée duquel, on lit, imprimé, le mot TÉNOR [1]. C'est précisément le cahier
dont le Réformateur avait l'habitude de se servir, car
sa voix, sans être ni forte, ni pleine, était claire et
pure.

Le maître de chapelle de Torgau, Jean Walter, qui
venait souvent, à Wittemberg, faire de la musique
avec Luther, dit : « J'ai passé bien des heures agréables avec lui, et souvent j'ai vu le cher homme, en
chantant, devenir si gai et si joyeux en esprit, qu'il
ne pouvait ni se fatiguer, ni se rassasier » [2]. — Et un
autre musicien, flamand et catholique, ayant rendu
visite à Luther, celui-ci eut l'amabilité, et peut-être la
coquetterie, de lui faire les honneurs de sa « chapelle ». Il lui chanta morceaux religieux et morceaux
profanes, même un madrigal, et, notre musicien,
écrivant ses impressions à un ami, s'écria : « Quelle
harmonie pleine d'art. Jamais je n'avais entendu musique qui me fît tant plaisir ».

Toutefois, le choral luthérien [3] n'existait pas : il
s'agissait de le créer.

### 3.

Le choral luthérien ne procède pas du Plain-chant,
c'est-à-dire de l'unisson. Il procède du chant à plusieurs parties, alors célèbre, le *Motet*. — C'était

---

1. Et, de la main de Luther, un *ex libris*, avec la date de
1530.
2. W. NELLE : *Geschichte des deutschen. Gesangper*, p. 75.
3. Je dis luthérien, car d'une manière générale, le mot *choral*
désignait alors tout chant, exécuté soit dans cet emplacement
de l'église, qui s'appelle le chœur, soit par le groupe de chantres qui s'appelle aussi le chœur.

une invention française du XIIe siècle, mélange assez bizarre de l'art de l'Eglise et de l'art des trouvères. Chaque voix chantait son texte, un texte différent, et par le sens, et même par la langue. Ainsi les paroles latines d'un morceau de Plain-chant, commençant par le mot *sœculum,* servaient de base harmonique et rythmique aux paroles françaises de deux chansons, moins que religieuses, et commençant par ces mots : *J'os bien à m'amie parler,* et *Je n'os à m'amie aller !* [1]

A la suite de transformations successives, au XVe siècle, le *Motet* avait atteint sa perfection, avec le musicien flamand, français [2], Josquin Desprès (en attendant Palestrina). Or Josquin et ses *motets* faisaient l'admiration de Luther, qui disait : « C'est une forme, où l'on chante une mélodie simple, naïve, accompagnée de 3, ou 4, ou 5 autres voix, qui l'entourent, et sautent autour d'elle, avec différents sons, de différentes manières, et l'embellissent, et l'ornent, et mènent une danse céleste, et se rencontrent aimablement, et enveloppent gracieusement les cœurs ». C'est de ce *Motet* que procède le *Choral.*

Non pas, cela va sans dire, qu'il n'y ait eu une remarquable transformation et adaptation, due à qui ?

Pour l'harmonie, Luther en connaissait très bien les règles ; mais il ne paraît pas avoir été capable d'écrire les portées d'un choral. Ce travail revint à son ami, le maître de chapelle de Torgau, Jean Walter, que nous avons déjà nommé, et qui a été appelé : « le premier chantre » (*Urkantor*) de l'Eglise évangélique allemande.

Le dernier aurait été Bach.

---

1. E. DE COUSSEMAKER : *Œuvres complètes du trouvère Adam de la Halle,* 1872. p. 208.
2. Mort en 1521, à Condé, où il était peut-être né, vers 1450.

Mais pour les *mélodies*, la part de Luther fut plus considérable. Il veilla à ce qu'elles fussent simples, faciles, bien adaptées au texte. On raconte que, pendant que son ami Walter écrivait quatre mélodies nouvelles, Luther se promenait dans la chambre, et les essayait sur sa flûte. Sa grande préoccupation étant d'arriver à quelque chose de tout à fait allemand : « Traduire les textes latins, disait-il, et garder le ton, les notes latines, qu'on le fasse, si l'on veut ! mais ce n'est pas joli, ni juste ; il faut que les deux choses, le texte et les notes, et tout le bruit (*gebärde*) de la mélodie viennent de la vraie langue et voix maternelles. Sans cela tout est imitation, à la façon des singes ».

L'influence de Luther est donc incontestable : Son esprit a plané sur le chaos et l'a fécondé.

Mais devons-nous aller plus loin ? Luther a-t-il lui-même composé des mélodies ? La vérité paraît être, que Luther était fort capable de composer des mélodies, mais les documents font défaut, pour dire avec une pleine certitude, s'il en a composé, et lesquelles.

Reste la question presque la plus importante et la plus difficile : Quelle influence eut le choral sur la communauté ?

Il est incontestable que la communauté ne chanta pas tout de suite. Luther s'en plaint vivement, en 1529. « Je connais votre paresse ; vous n'apprenez pas les chants pieux, que vous possédez depuis *sept ans* ». Mais — et ce qui nous intéresse — ce n'était pas uniquement la faute de l'assemblée.

La faute en était au choral primitif lui-même : 1° parce que ce choral était à plusieurs parties, et 2° parce que la mélodie était chantée par le ténor, qui n'est pas la voix la plus haute. C'est seulement en 1586 que le pasteur à la cour de Würtemberg,

Lucas Osiander, signala clairement le mal et le re-
mède : « Un laïque, dit-il, qui ne connait pas la musique savante (*figural*), ne peut pas chanter, doit se
contenter d'écouter. La mélodie est méconnaissable ;
le simple fidèle ne comprend pas quel psaume on
chante ; il ne peut pas participer au chant ». Après
quoi, il ajoute : « J'ai confié la mélodie au *soprano*,
pour qu'elle soit reconnue, et que chaque fidèle puisse
chanter. Les autres voix, basse et ténor, ne doivent
pas être trop hautes, afin que la mélodie ait bien distinctement le son dominant, et soit entendue au moins
deux fois plus que chacune des autres voix ». Cette
fois-ci, le choral luthérien était parfait. Mais on était
en 1586, et 1586, c'est 47 ans après l'apparition
du premier Psautier de Calvin.

Ajoutons vite, et volontiers, que si Luther n'a pas
nettement distingué entre le chant des fidèles et le
chant des chœurs ; si sa réforme parait avoir eu pour
but de « populariser la musique savante dans
l'Eglise », toutefois, par l'organisation des chœurs
(*kantoreien*), composés de fidèles, et devenus rapidement des *Sociétés de chant* influentes, puissantes
et nombreuses, même dans les petits villages ; par
l'enseignement musical donné dans les écoles, *au
moins* quatre heures par semaine, en moyenne, et
grâce au tempérament musical des Saxons, cette réforme luthérienne n'en produisit pas moins une culture musicale profonde, admirable. Aujourd'hui le
chœur a disparu, les fidèles chantent remarquable-
ment à l'unisson, et une histoire allemande de la musique nous dit : « Pour la communauté, il n'y a pas
d'autre forme de participation musicale au culte, que
le chant à l'unisson en langue allemande » [1].

---

1. **H.-A. Köstlen** : *Geschichte der Musik*, 1899. p. 264.

On assiste ainsi à la naissance lente du chant d'Eglise protestant. La mélodie se dégage de son enveloppe rigide, monotone et cléricale (le Plain-chant), et quand elle se sera dégagée des parties qui la voilent, elle apparaîtra dans toute sa vie popu-laire, forte et gracieuse. On dirait le poussin (cette image a été employée) qui sort peu à peu de sa co-quille, et pendant un peu de temps porte les traces de cette coquille [1].

### 4.

Après avoir signalé les deux cantiques (francis-cains) les plus célèbres de l'Eglise latine, signalons les deux chorals les plus célèbres de Luther.

Le premier est le cantique de Noël : *Vom Himmel hoch, da Komm ich her :*

Du ciel haut,
Je viens de là.
Je vous apporte une bonne nouvelle,
Une bonne nouvelle si bonne !
Que je veux vous la chanter.
Un petit enfant vous est né aujourd'hui...
Ah ! Seigneur, créateur de toutes choses,
Comment es-tu devenu si petit,
Que tu reposes sur de la paille sèche,
Dont mangent un bœuf et un âne ?
Même, si le monde était cent fois plus grand,
Plein de perles et d'or,
Il serait bien trop petit
Pour être ton berceau étroit...
Je veux être toujours joyeux
Et sauter, et chanter toujours le vrai, le beau :
[« Dors petit enfant ».
Le doux chant, de tout mon cœur...

---

1. C'est ce qui s'est passé pour la Réformation. On célèbre, comme fête de la Réformation, l'affichage des 95 thèses à la porte de l'Eglise de Wittemberg (1517). Or en 1519 Luther ad-met encore le Purgatoire et le culte des Saints, et la Transubs-tantiation. En 1520, il termine encore ses sermons par l'*Ave Maria*, et c'est seulement en 1543, qu'il renonce à l'élévation du Saint-Sacrement. *Jean Calvin*, vol. I, p. 543, 544.

Et, dans sa naïveté, géniale et enfantine, Luther se met à parler patois (bas-allemand), comme si nous, français, au lieu de dire : « le vrai et beau : dors, petit enfant » ; nous disions : « le vrai et beau : *dourmis, pitchiou* »[1]. Voilà ce que l'on ne trouvera, sans doute, dans aucun autre livre de cantiques d'aucune autre église chrétienne, depuis qu'il en existe !

Après avoir composé son cantique, Luther lui donna comme mélodie un air de ronde connu[2].

C'était là du reste un procédé, qui n'avait rien d'insolite, et qui a été plus ou moins employé depuis saint Ambroise jusqu'à nos jours. Et, peut-être, les esprits simplistes, qui ne se rendent pas suffisamment compte de la puissance de transformation du rythme, modifiant le mouvement et l'expression, ont tort de s'étonner outre mesure. Cependant trop peut-être décidément trop.

En 1735, les commissaires royaux du diocèse d'Alais, pour lutter contre les Psaumes huguenots, imprimèrent un recueil de cantiques spirituels, dont toutes les mélodies étaient empruntées à des chansons. Et dans le livre de Cantiques, le premier vers de ces chansons était rappelé, en toutes lettres, comme suit : le *Pater*, l'*Ave Maria*, et le *Credo* sur l'air : « Birenne, mes amours » ; — le *Paradis*, sur l'air : « Charmante Gabrielle » ; — *Sentiments d'un pêcheur converti*, sur l'air : « Suivons, suivons l'amour », etc. etc.

---

1. Das rechte Suzaninne schön. — Le mot *Suzaninne* est un mot patois (*plat deutsch*) qui signifie : « Dors, petit enfant ». W. Nelle, vol., p. 25, 26

2. *Ich Komm aus fremden Landen her*, était devenu : « Vom Himmel hoch da komm'ich her ». Les jeunes filles avec des couronnes formaient un cercle. Un chanteur posait une énigme, et, si la jeune fille ne pouvait la résoudre, elle lui donnait sa couronne ; puis l'on dansait.

Quoiqu'il en soit, Luther fut sans doute contrarié d'entendre l'air de son cantique, encore chanté sur les places de danse, et, en 1539, il remplaça la mélodie par une autre, peut-être de sa composition.

## 5.

Le second choral est connu de tous : *Ein feste Burg : C'est un rempart !* le plus célèbre des cantiques allemands. On a souvent dit que Luther en avait composé les paroles en 1530, au château de Cobourg, pendant la diète d'Augsbourg, la grande Diète, où le lutheranisme confessa héroïquement sa foi. Mais on sait aujourd'hui que ce cantique a été imprimé deux ans avant (1528). On ne peut préciser davantage. Le choral de Luther est le cri de la foi, sûre de son triomphe, à toutes les époques :

> L'ennemi contre nous
> Redouble de courroux.
> Que pourrait l'adversaire
> L'Éternel détourne ses coups.

Naturellement, quant à la musique, toutes les discussions recommencent. On ne veut pas que Luther soit l'auteur même de la mélodie. Moins encore ; on ne veut pas qu'il y ait quoi que ce soit de protestant dans cette mélodie : Elle ne serait que la suture, plus ou moins heureuse, de lambeaux de chants grégoriens, et, pour tout dire, une mosaïque composée avec des fragments de trois ou quatre messes. On croirait lire une dissertation moderniste sur les sources et les fragments de la Genèse.

En l'absence de preuves externes décidément contraires, les preuves internes sont telles, ce cantique, paroles et mélodies, paraît tellement avoir été composé d'un jet, comme la coulée de métal qui jaillit ardente du fourneau, où le métal a été fondu, il traduit si exactement la foi et le tempérament de Luther, dans ce qu'ils ont eu de plus spécifiquement luthérien... qu'on ne peut pas ne pas continuer à accepter le témoignage d'un contemporain, Sleidan, et à répéter : ce cantique, c'est bien le grand chrétien et le grand Allemand que fut Luther, c'est bien le portrait du grand Réformateur, peint par lui-même, et que seul il pouvait peindre.

Et maintenant, nous pouvons aborder l'étude du *Psaume huguenot,* troisième phase, conclusion du développement du chant à travers l'histoire de l'Eglise chrétienne.

# LE VRAI PSAUME HUGUENOT

---

## Origine, Grandeur
## - et Décadence -

---

## UNE CONFÉRENCE

# ORIGINE, GRANDEUR ET DÉCADENCE

---

Messieurs,

Un amas de malentendus, d'ignorance et même de calomnies a couvert jusqu'à aujourd'hui, et couvre encore, aux yeux de certains spécialistes distingués, l'histoire de notre Psautier.

C'est pourquoi j'ai cru utile de venir vous parler de *l'origine*, de *la grandeur* et de *la décadence* du Psautier huguenot : ce seront les trois parties de cette conférence.

## I

## Origine

### 1.

Tout d'abord : qui en a eu l'idée ? Qui en a assuré l'apparition ? Voici la réponse des documents authentiques.

Le Réformateur Calvin, traversant Genève, y fut retenu par les solennelles et célèbres objurgations de Farel (août 1536). Six mois s'étaient à peine écoulés, qu'il saisit le Conseil de la ville (16 janvier 1537) du Projet d'organisation de l'Eglise, qu'on l'appelait à fonder. Et dans ce Projet, il y avait un article sur les Psaumes, ainsi conçu : « Nous désirons les Psaumes être chantés en l'Eglise... Comme nous faisons (actuellement), les oraisons des fidèles sont si froides, que cela nous doit tourner à grande honte et confusion. Les psaumes pourront nous inciter à élever nos cœurs à Dieu, et nous émouvoir à une ardeur, tant de l'invoquer que d'exalter, par nos louanges, la gloire de son nom ». Et, passant tout de suite de *l'idée* à *l'action,* Calvin ajoutait : « La manière de procéder, qui nous a semblé bonne, est si quelques enfants, auxquels on aurait d'abord appris un chant modeste et ecclésiastique, chantent à *voix haute et distincte,* le peuple écoutant en toute attention, et suivant de cœur ce qui est chanté de bouche, jusqu'à ce que, petit à petit, chacun s'accoutume à chanter ensemble » [1].

Voilà, Messieurs, l'origine exacte du chant des Psaumes dans notre Eglise. *Le programme de* 1537 (il y a près de 400 ans) dit tout. Pas un mot qui ne soit à méditer, même ce qui est dit de la manière dont la foule des fidèles peut apprendre à chanter.

Un an après, Calvin était chassé de Genève, à la suite d'une révolution. Les Eglises suisses essayèrent d'intervenir. Un synode fut réuni à Zürich [2]. Dans ce Synode, Calvin exposa les concessions qu'il était prêt à faire, et les conditions irrévocables, qu'il mettait à son retour. L'une de ces conditions, claire et nette, était : « que, *le chant*

---

1. *Opera Calvini,* Xa, p. 12.
2. Du 28 avril au 4 mai 1538.

*des Psaumes fut ajouté aux sermons* »[1]. L'accord ne put se faire; Calvin se réfugia à Strasbourg. Mais, moins de deux mois après, la nouvelle circulait déjà en Suisse, que, dans l'Eglise organisée par Calvin, les Français chantaient les Psaumes dans leur langue[2].

Que s'était-il passé? On ne l'a pas su jusqu'à deux découvertes faites en 1878. Et les grandes histoires, et les encyclopédies, qui renseignent encore aujourd'hui nos générations, ayant été écrites avant cette date, ne nous offrent que des récits incohérents et incompréhensibles, répétés encore tous les jours[3].

La vérité est que Calvin, préoccupé de son idée, n'avait pas perdu de temps.

Dès son arrivée à Strasbourg, il était en possession de 12 psaumes, traduits par Clément Marot et publiés à Genève[4]. C'est la première découverte, qui a mis fin sur ce point aux suppositions les plus bizarres et les plus tendancieuses[5]. Mais 12 Psaumes ne suffisaient pas. Calvin prit sa plume et commença

---

1. *Opera*, Xb, p. 192.
2. « Galli psalmos sua lingua canunt », écrit Zwick de Constance à Bullinger, à Zurich, 9 nov. 1538 (*Opera*, Xb, p. 288); or Calvin était arrivé à Strasbourg au commencement de septembre et avait prêché, pour la première fois, le 8 septembre (Ibd p. 248, n. 8).
3. Félix BOVET; *Opera Calvini* (vol. VI Prolegomenes, p. XIV et XV); et O. DOUEN: *Clément Marot et le Psautier huguenot*, 1878 et 1879.
4. Déclaration de l'imprimeur genevois Jean Girard, devant le Conseil de Genève, le 1er mai 1539. Il énumère la liste des ouvrages qu'il a imprimés depuis trois ans, et au milieu de la liste se trouvait : Saulmes de Clément Marot (voir *Catéchisme français de Calvin*, Albert Rilliet, et Théophile Dufour, 1878, p. CCLXXXIV et CCLXXXV).
5. « Calvin prit les 12 Psaumes tels quels, *sans savoir qu'ils étaient de Marot* » (O. DOUEN, *Encyclopédie des sciences religieuses*, III, p. 55. 1877).

par traduire lui-même, en vers, les Psaumes 25 et
46 [1]. C'est lui qui nous le dit, le 29 décembre 1538,
dans la lettre même où il annonce qu'il va publier
un Psautier. C'est la seconde découverte qui a fixé
cette date capitale et mis fin à une autre série de
suppositions incohérentes [2].

Le Psautier est une création de Calvin [3].

### 2.

Tout de suite une question peut se poser : pourquoi, dans le livre de chants de Calvin, n'y a-t-il d'autre chant que celui des Psaumes ?

Et tout de suite se dresse, avec ses incompré-
hensions et ses antipathies, le Rationalisme anticalviniste le plus savant, mais aussi le plus fanatique.

Voici sa première réponse, il faut dire sa première attaque.

« *Calvin et Bèze, imbus d'un littéralisme étroit,
et dépourvus de sens critique* », ont interdit tout autre chant que celui des Psaumes » [4].

Que penser ? Dans la célèbre préface aux Psautiers de 1542 et 1543 (à laquelle il faut continuelle-

---

1. Voir *Note documentaire II.*
2. HERMINJARD : *Correspondance des Réformateurs,* vol. V,
p 446 (1878). O. Douen a noté la découverte de Dufour, et
celle d'Herminjard dans deux appendices de son second volume
(p. 643 et 645), non pas sans un point d'interrogation, et quelques suppositions. Mais les appendices n'indiquent aucune des
modifications, que les deux découvertes nécessitent. Les appendices ont passé inaperçus et les affirmations antérieures sont
restées avec leurs erreurs.
3. « L'instigateur et le père du chant dans le culte (réformé)
n'est autre que Calvin, celui que l'on veut faire passer pour
un contempteur des arts » (Delétra, avant propos, voir *Note
documentaire* I).
4. O DOUEN : *Clément Marot et le Psautier huguenot,* 1878
et 1979. I, p. 271.

ment se reporter, parce que c'est dans cette préface que Calvin a définitivement fixé, avec autant de clarté que d'énergie, les principes essentiels du chant réformé), nous lisons : « *Quand nous aurons bien circuit partout pour chercher ça et là, nous ne trouverons meilleures chansons* [notez ce mot] *ni plus propres, pour ce faire, que les Psaumes de David* [1]. »

Ce texte est clair. Calvin n'a pas été conduit par une idée *a priori,* comme on le prétend. Il a fait une enquête, il a « circuit », c'est-à-dire qu'il a cherché ça et là, « *partout* », et il est arrivé (à tort ou à raison) à la conviction, que les Psaumes de David étaient les chants les mieux appropriés aux besoins de son Eglise. A tort ou à raison ! Mais qui oserait dire que les événements ne lui ont pas donné raison ? L'église protestante de France allait traverser des siècles terribles de persécutions, de combats, de défaites, de victoires, et rien n'allait ressembler à la situation et à l'état d'âme du roi-prophète, autant que l'état d'âme et la situation du peuple huguenot ; de telle sorte que les Psaumes allaient paraître, non seulement composés pour ce peuple, mais composés par lui !

Pas un moment, où quelque verset ne se soit offert spontanément à la mémoire de nos pères, ne soit monté de leur cœur à leurs lèvres. Et l'on pourrait écrire une petite chronique bien curieuse, et bien dramatique, rien qu'en rassemblant les versets des Psaumes, qui ont été chantés dans des circonstances, dont l'histoire a gardé le souvenir. Il faudrait commencer par le premier de tous les Martyrs de France, ce Jean Leclerc qui avait été brûlé au

---

1. Opéra, VI, p. 171.

front avec un fer chaud, pendant que sa mère
s'écriait : « Vive Jésus-Christ et ses enseignes ».
Réfugié de Meaux à Metz, il brisa quelques sta-
tues de saints. Quand on lui eut coupé la main
droite, quand on lui eut arraché le nez avec des
tenailles, quand on lui eut tenaillé les deux bras,
quand on lui eut arraché les deux mamelles, pendant
qu'on le portait jusqu'au feu où on allait le jeter,
il chanta le Psaume 115 : « Leurs idoles sont or et
argent, ouvrages de mains d'hommes »[1]. C'était en
1524, quatorze ans avant la publication du premier
Psautier. Jean Leclerc est son patron à jamais glorieux !

Après lui, il faudrait énumérer la foule sainte des
martyrs, et les simples fidèles, et les capitaines qui,
dans les cachots, sur les places publiques, sur les
champs de bataille, sur leurs lits de mort plus
triomphants encore, ont chanté, tel, tel et tel
Psaume. C'est absolument merveilleux.

Mais malgré tout, rien n'empêche, si, les temps
étant changés, et si, après avoir « circuit » de nouveau « ça et là », on trouve d'autres chants bien
adaptés à une nouvelle situation et à de nouveaux
états d'âmes, d'ajouter aux Psaumes d'autres cantiques. — Est-ce que le premier Psautier lui-même,
celui de Calvin en 1539, ne portait pas pour titre
*Aulcungs, Psaumes et Cantiques ?*

Est-ce que, à côté des Psaumes, il ne contenait
pas déjà le cantique de Siméon et les Dix comman-
dements, auxquels Bèze ajouta une prière, en vers,
et en musique, avant le repas et une après le repas ?[2]

---

1. CRESPIN : *Histoire des Martyrs*, éd. de Toulouse, I,
p 244, 245.
2. DOUEN, I, p. 302, 303, *Les Psaumes*, éd. de 1543.

# II

# Grandeur

Et maintenant, après avoir constaté l'origine de ce Psautier, demandons-nous qui a mis en vers les paroles ? qui a composé les airs ? et surtout quelle a été la valeur de ces vers et de ces airs.

I

D'abord les paroles.

Après avoir acquis par des vers, plus ou moins libres, la renommée du plus habile poète de son époque, Clément Marot s'était converti ; et rien ne nous empêche de croire à la sincérité, sinon à la profondeur, de cette conversion.

Devenu suspect à la Sorbonne par la traduction des 30 premiers Psaumes (dont il avait cependant fait hommage au Roi, François Ier, et à l'Empereur Charles-Quint), et décrété de prise de corps, Marot s'enfuit à Genève, où il traduisit 20 autres Psaumes ; ce qui fit 50.

Alors, ici, le Rationalisme anticalviniste intervient de nouveau, et veut faire de Calvin le persécuteur de Marot [1]. La simple vérité est que Calvin prit les nouveaux Psaumes de Marot, dès qu'ils parurent ; qu'il les substitua aux siens ; qu'il rétablit pour tous le texte exact des vers de Marot, au risque de trou-

---

1. Voir DOUEN, I, p. 407, 413.

bler les habitudes déjà prises par l'Eglise, et que, désirant vivement voir Marot achever la traduction du Psautier, il demanda au Conseil de Genève une subvention pour le poète.

Mais, le Conseil refusa, et Marot, se trouvant en réalité mal à l'aise dans un milieu trop puritain pour ses habitudes, quitta Genève. Après quoi, il eut le tort d'adresser à François Ier une poésie, peu glorieuse, de retractation[1]. On ne sait pas autre chose.

*<br>* *

Il était réservé à Th. de Bèze, le disciple, l'ami, le collègue et le successeur de Calvin, d'achever l'œuvre de Marot.

En arrivant à Genève (1548), Bèze avait entendu chanter un psaume de Marot, le 9e, et il en avait éprouvé une telle impression, qu'il ne l'oublia jamais. Son souvenir devait le soutenir et éloigner de lui la crainte, au milieu des circonstances les plus difficiles de sa vie :

> Qui en la garde du haut Dieu
> Pour jamais se retire
> En ombre bonne, et en fort lieu
> Retiré se peut dire.

Et 57 ans plus tard, sur son lit de mort, c'est un autre Psaume de Marot, dont il devait se faire répéter les paroles, le 130e.

> Si ta rigueur expresse
> En nos péchés tu tiens,
> Seigneur, Seigneur, qui est-ce
> Qui demeurera des tiens ?

Il se mit à l'œuvre vers 1550. Calvin l'encouragea, le pressa, et, en 1562, furent publiées les premières

---

1. *Note Documentaire III.*

éditions du Psautier complet, avec ses 150 psaumes, dont un grand calomniateur de la Réforme se hâta de dire : « les rimes françaises ne méritent pas de porter le nom de ce grand et divin prophète (David), mais plutôt d'être appelées les chansons bézéanes et marotiques [1] ».

*
* *

On s'est, semble-t-il, montré un peu injuste [2] pour Th. de Bèze, dans la comparaison que l'on a faite de son talent avec celui de Marot.

Peut-on imaginer quelque chose de plus gracieux et de plus approprié au sentiment du Psalmiste que sa traduction du Psaume 61.

> Entends à ce que je crie,
> **Je te prie ;**
> O mon Dieu, exauce-moi !
> Du bout du monde, mon âme,
> **Qui se pâme,**
> Ne réclame autre que toi [3].

Ajoutons que Bèze est encore l'auteur du psaume 42 :

> Comme un cerf altéré brâme...

---

1. Voir Fl. de Raemond : *L'histoire de la naissance*, etc., p. 1543.

2. Un des auteurs les plus familiers aujourd'hui avec les vieilles mélodies et la vieille poésie de nos Psaumes, P. Devoluy, a écrit récemment : « Plus je pénètre dans la connaissance de notre vieux Psautier, plus je me demande si Th. de Bèze ne l'emportait pas vraiment sur Marot » (Pierre Devoluy : *La tradition du Psaume huguenot*, dans *Foi et Vie*, p. 538 et ss.).

3. Ce rythme, il est vrai, déjà trouvé par Marot dans le Psaume 38, a été repris par Victor-Hugo en 1829 :

> Sara, belle d'indolence,
> Se balance
> Dans un hamac, au-dessus
> Du bassin d'une fontaine
> Toute pleine
> D'eau puisée à l'Illissus.

le plus gracieux, et du psaume 68 :

*Que Dieu se montre seulement...*

le plus terrible de nos Psaumes, et nous aurons le droit de conclure : Marot et Bèze ont assuré à ce Psautier, si méprisé par certains poètes et reviseurs, une place, une très belle place dans l'histoire de notre poésie moderne et lyrique.

2

Après les *paroles*, la *musique*.

D'où viennent les mélodies de nos Psaumes ?

A Strasbourg, pour les premiers Psaumes, Calvin adopta des mélodies allemandes, « qui *plaisaient* davantage », dit-il, et parmi lesquelles nous signalerons seulement celle qui est devenue la plus fameuse de nos mélodies, celle du psaume 68 :

*Que Dieu se montre seulement...*

Mais en réalité, les mélodies du Psautier ont eu pour auteur principal le chantre de Saint-Pierre de Genève, Louis Bourgeois, dont les connaisseurs sont d'accord pour exalter le talent, et même le génie.

Ici nouvelle intervention du Rationalisme anticalviniste.

Il veut faire croire que Calvin fut l'ennemi et le persécuteur de Bourgeois. Nouvelle contrevérité absolue ! La vérité toute simple est que Calvin, loin de le persécuter, présenta lui-même au Conseil, en 1550, l'ouvrage de Bourgeois, et obtint la permission de l'imprimer ; que, un an plus tard, il obtint encore que le Conseil assisterait Bourgeois dans sa « pauvreté » ; que, six ans plus tard, Bourgeois ayant modifié quelque chant des Psaumes, et ayant été condamné à la prison, Calvin accourut, au beau milieu de la séance du Conseil, et obtint que Bourgeois serait relaché dès le lendemain matin. Et si Bourgeois finit par rompre avec le Conseil, c'est que celui-ci, fatigué de ses demandes, lui donna son congé.

Au lieu d'avoir été plein de rancune contre les deux immortels auteurs de la poésie et de la mélodie de notre Psautier, Calvin a été le protecteur persévérant de tous les deux [1].

*
* *

Quant au succès des mélodies de Bourgeois, il fut si prodigieux qu'il nous est difficile de nous en faire une idée. Écoutons adversaires et ennemis de notre Réforme au XVIe siècle.

Florimond de Raemond, le Conseiller du Parlement de Bordeaux, né vers 1540, d'abord protestant, puis renégat en 1566 et qui, par conséquent, était bien informé et disait ce qu'il avait vu et entendu, s'exprime ainsi :

« Le serpent était caché dans les fleurs ; et, sous le chant ou plutôt enchantement nouveau, mille pernicieuses nouveautés se glissaient dans les âmes ».

« Il faut confesser qu'il n'y a rien, qui ait tant facilité l'entrée aux nouveautés de ces nouvelles religions, ni qui leur ait acquis l'oreille de la peu caute (sage) populace, que le *nouveau chant, doux et chatouilleux* de ces Psaumes rimés. Ç'a été la chaîne et le cordage duquel Luther comme un autre Amphion thébain, et Calvin se sont servis pour atti-

---

1. Voir la *Note documentaire III*.

rer après soi les pierres, dont ils ont bâti et fondé les murs de leur nouvelle Babylone. »

Florimond de Raemond va plus loin encore. « C'est de ce millésime (l'introduction des Psaumes dans le culte) qu'on peut prendre la date de l'Eglise de Calvin [1]. »

Et du reste un auteur du XVIIe siècle, aussi grave que du Boulay, l'historien de l'Université de Paris, représente, lui aussi, les réformés comme « bâtissant leur Eglise au chant des Psaumes » [2].

Témoignage non moins significatif. Les luthériens, les hommes du splendide choral, émus de dépit, de jalousie, en face de la séduction exercée par le chant des Psaumes, dénoncèrent « la *Sirène* du Calvinisme » [3].

En France, en voyant tant de Français, qui se laissaient « allécher par la douceur de la musique et du chant mélodieux » des Psaumes (et l'on voit, pour le dire en passant, ce qu'il faut penser du reproche récemment fait à nos pères d'avoir mal chanté), des poètes catholiques cherchèrent des remèdes et des contre-poisons [4]. L'un d'eux, l'évêque Godeau, après avoir encore parlé « des airs agréables » des Psaumes, souvent « exhorté », dit-il, et puissamment excité par le cardinal Richelieu, donna une nouvelle traduction des Psaumes, et le roi Louis XIII mit 4 Psaumes en musique [5].

---

1. Florimond DE RAEMOND : *Histoire de la naissance, progrès et décadence de l'hérésie de ce siècle*, MDCXI, p. 669, p. 1539 ; d'après lui, cette date est l'année 1553.
2. Son ouvrage a paru en 1665-1673. F. BOVET, p. 56.
3. F. BOVET, p. 75.
4. F. BOVET, p. 135-137.
5. GODEAU : *Paraphrase des Psaumes de David*, éd. de 1676, Préface.

Telle est l'importance capitale de nos Psaumes et leur grandeur devenue pour nous incompréhensible.

*
* *

Incompréhensible pour notre ignorance. Chassons les ténèbres de cette ignorance et laissons apparaître la vérité.

La raison de la grandeur et du succès de nos Psaumes, est double.

1° Ecoutons d'abord le plus violent adversaire et calomniateur du protestantisme au XVI° siècle, celui que nous venons de citer : Florimond de Raemond.

D'après lui, tout était dû à la *mignardise lascive* des airs *pétulants* de la musique chromatique ; aux airs infiniment doux *et plaisants* dans leur variable diversité ».

Nos pauvres Psaumes, si lents, si trainants, parfois si endormants, accusés de séduction pétulante, mignarde, lascive, chatouilleuse comme le chant d'une *sirène !* [1]

Ah ! c'est qu'évidemment il ne s'agit pas des Psaumes, tels que nous les avons connus, et les connaissons encore, mais des Psaumes, tels que nos pères les chantaient, et c'était le contraire. Et si nous mettons de côté les épithètes malsonnantes, dictées par la haine et l'envie, il reste que le chant de nos pères était *pétulant,* c'est-à-dire rapide, et *lascif,* c'est-à-dire doux.

Or cela est parfaitement vrai. Il se trouve, en effet, que l'origine des mélodies a été, pour la plupart de

---

1. Fl. DE RAEMOND, p. 1563, 1562, 1537.

nos Psaumes, une *chanson* populaire. Calvin s'est servi de ce mot *chanson*.

Et les historiens de la musique appellent le xvie siècle le siècle de la chanson [1]. Tout cela veut dire qu'en face du plain-chant hiératique, monotone, la chanson fut, au xvie siècle, le chant moderne, le chant populaire.

Certes, nous n'avons pas besoin de textes pour être sûrs que Calvin n'a pas laissé les chants frivoles et lascifs pénétrer dans son Eglise, lui qui, dès l'origine (en 1538), interdisait ces chants, non seulement dans les temples, mais dans la ville et dans tout le territoire, jusqu'à la frontière.

Il n'en reste pas moins que le Psaume, étant une chanson, une chanson *religieuse* sans doute, mais enfin une chanson, avec sa vivacité et sa douceur agréables à l'oreille, il n'en reste pas moins, dis-je, que le Psaume profita de l'attrait, de la vogue du chant moderne, et ce fut une première cause *très natu-telle* de son succès *très prodigieux*.

2° Mais la raison que nous donne Florimond, n'est qu'une partie de la raison vraie. Il n'indique pas ce qui est précisément le plus inconnu ou le plus méconnu, même aujourd'hui, même par les si distingués musiciens qui s'occupent le plus du chant dans notre culte. Et, après avoir invoqué le témoignage du plus violent adversaire et calomniateur catholique du protestantisme au xvie siècle, il nous faut invoquer

---

1. I. COMBARIEU : *Histoire de la musique,* 1923. p. 479, 530. « Musicalement, la chanson du xvie siècle concentrait en elle tout l'intérêt qui se disperse aujourd'hui dans les opéras, la musique pour divers instruments, la sonate, le quatuor, la symphonie. En dehors de l'Eglise, elle tendait à constituer une Somme du chant ! »

le témoignage du plus violent adversaire et calomnia-teur protestant de Calvin au XIXe siècle, O. Douen. Voici ses propres paroles : « Esprit sec et dur, logi-cien et intellectualiste à outrance, Calvin manque de cette chaleur de cœur qui fait tant aimer Luther. Fanatique et cruel, corps frêle et débile, sobre jus-qu'à l'excès, froid, chagrin, austère, ennemi de tout plaisir et de toute distraction, *même des arts et de la musique ;* acharné, violent, colère, impatient de toute contradiction, intolérant et tyrannique, capable des plus atroces cruautés pour faire triompher son opi-nion, tel était Calvin... C'est le type du dogmati-cien autoritaire, anti-libéral, *anti-artistique,* anti-hu-main, et anti-chrétien [1]. »

Il serait difficile, on le voit, de trouver un aussi parfait spécimen de rage anti-calviniste.

Or c'est le même auteur qui, dans le même ouvrage, a écrit : « Qu'on relise maintenant la belle et sobre préface que Calvin a mise au Psautier de Marot, et l'on verra *combien ses idées sur le chant étaient nou-velles et hardies.* Depuis Platon et Augustin, *nul n'en* avait parlé comme lui, sauf Luther, nul n'en a mieux compris l'action soit délétère, soit sanctifiante. « Et surtout : « *La Réforme apportait à la musique l'élé-ment capital* qui lui manquait : on n'en peut deman-der une démonstration plus éclatante que cette pré-face [2] ».

---

1. O. Douen, I, p. 376, 377, 387, et *Encyclopédie des Sciences religieuses* (III, p. 47). Après avoir entendu le pasteur protestant, on ne s'étonnera pas d'entendre un libre-penseur, professeur à l'Ecole des Beaux-Arts de Paris, Münz, demander : « Où Calvin a-t-il témoigné le moindre intérêt à n'importe quelle branche de l'art ? » et un défenseur du catholicisme, comme Brunetière, déclarer : « L'horreur de l'Art devait demeurer un des traits essentiels de la Réforme, calviniste en particulier. » Voir E. Doumergue : *L'Art et le Sentiment.* p. 6.

2. O. Douen, II, p. 363.

Faut-il que ces éloges dithyrambiques soient mérités, dix fois mérités, cent fois mérités, pour avoir été écrits par la même plume, qui venait d'écrire les invectives les plus méprisantes, les plus odieuses (s'il ne fallait pas dire les plus ridicules) que l'imagination puisse concevoir ?

Et maintenant suivons le conseil, qui vient de nous être donné, et relisons la belle et sobre Préface de Calvin.

« Nous connaissons, par expérience, dit Calvin (*par expérience*), que le chant a grand force et vigueur *d'émouvoir et enflamber le cœur* des hommes ». Et puis : « Entre les choses qui sont propres pour *récréer* l'homme et lui donner *volupté* (*récréation, volupté*) la musique est ou la première, ou l'une des principales. A grand peine y a-t-il en ce monde (chose) qui puisse plus *tourner ou fléchir çà et là* les mœurs des hommes... Et de fait nous *expérimentons* (c'est la seconde fois que ce mot revient) qu'elle *a une vertu secrète et quasi incrédible* à émouvoir les cœurs, en une sorte ou en l'autre... Il est vrai que toute parole mauvaise... pervertit les bonnes mœurs ; mais, quand la mélodie est avec, *cela transperce beaucoup plus fort le cœur*... Le venin et la corruption est *distillé jusqu'au plus profond du cœur par les mélodies* » (En ces quelques lignes le mot *cœur* revient trois fois [1].)

Ailleurs, dans ses savants Commentaires, Calvin va plus loin encore. Il explique que « tous les arts proviennent de Dieu », même les arts qui ne servent « *qu'à volupté et délices.* » « Quoique l'invention de la harpe et autres instruments de musique, explique-t-il, servent plutôt à volupté et délices qu'à nécessité,

---

1. Opera, VI, p. 170.

toutefois il ne faut point du tout la tenir pour su-
perflue, et elle mérite encore moins d'être condam-
née [1] ».

Enfin rien n'égale la manière dont cet ennemi de
l'art, cet être anti-artistique, parle de la *volupté* et
des *délices* de l'art, si ce n'est la manière dont cet
être, sec et dur, anti-humain, parle des sentiments
humains, du cœur... Selon lui, ce qui doit chanter,
c'est le cœur.

Dans le paragraphe où il a déjà trois fois parlé du
cœur, il ajoute : « Ce n'est pas une chose morte et
brutive que bonne affection envers Dieu... Les *chansons* spirituelles ne se peuvent bien chanter *que de
cœur* ».

Et c'est dans sa savante dogmatique qu'il répète :
« Le parler et le chanter ne sont rien estimés devant
Dieu, s'ils ne viennent de *l'affection et du profond du
cœur*... On *doit chanter* du cœur et de l'âme... La
langue sans le cœur est fort déplaisante à Dieu [2]. »

*<br>* *

Voilà, Messieurs, le programme artistique, musical, de Calvin. Or ce programme, qui a veillé soigneusement à son exécution ? Calvin lui-même. Je
vous étonne de plus en plus ; mais vous me rendrez,
je l'espère, cette justice que je ne parle que preuves
en mains. En effet, c'est encore Calvin qui nous dit :

---

1. Opera, XXIII, p. 100, Commentarius in Genesin, ch. IV,
verset 20. — Dans ce même passage, Calvin déclare que la
« *volupté* (voluptas) » n'est condamnable que si elle n'est pas
conjointe avec l'amour de Dieu, et avec l'utilité de la Société.
Mais précisément, « *la nature de la musique* (musicae ratio)
est telle qu'elle s'accomode aux besoins de la piété et qu'elle
peut être utile aux hommes ». Seulement que soit absent « tout
charme (*oblictatio*) vain ».
2. *Institution chrétienne*, III, ch. XX, § 31, 32, 33.

« Il a semblé le meilleur que la mélodie fut modérée
en la sorte, que *nous l'avons mise,* pour avoir le poids
et majesté convenable au sujet »[1]. Vous l'avez bien
entendu, Calvin ne dit pas « *qu'on* l'a mise », il dit :
« que *nous* l'avons mise ». Et si quelqu'un voulait
douter de la parole de Calvin, voici la parole de son
grand adversaire et calomniateur : « Bourgeois tra-
vaillait sous l'œil rigide et en quelque sorte *sous la
direction* de Calvin. » Et plus loin, il rend hommage
(ce sont ses propres termes) « hommage à la *direction*
imprimée par Calvin au travail mélodique de Bourgeois[2] ».

Je suis moi-même étonné des paroles que je pro-
nonce. Mais je ne puis autrement. Je suis bien forcé
d'accorder à Calvin au moins l'admiration que lui
accordent ses pires ennemis.

Oui, la *préface* du Psautier avait tracé le programme. La *direction* de Calvin en assura l'exécution. Et ainsi naquit la mélodie calviniste, l'art musical calviniste, ce mélange si inconnu alors, si nouveau, de popularité et de grandeur, de familiarité et
de sainteté. ...Allons jusqu'au bout et disons : alors
naquit cet art calviniste, ce mélange inconnu de cœur
et de raison, ce mélange d'intellectualisme et de mysticisme, ces deux erreurs si dangereuses, qui sont les
deux moitiés de la vérité, cette double exagération de
deux vérités contradictoires et qui, réunies et se com-

---

1. *Opera,* VI, p. 175. Florimond DE RAEMOND, O. C., p. 1562,
« Calvin eût soin de les mettre (les Psaumes) entre les mains
les plus excellents musiciens, qui furent alors en la chrétienté,
entre autres de Goudimel et d'un autre nommé Bourgeois,
pour les coucher en musique. »

2. O. DOUEN, II, p. 374. Bourgeois était parfaitement d'accord avec Calvin. Et l'on croit entendre parler Calvin lorsque Bourgeois flétrit « les chansons dissolues », la musique
efféminée, « laquelle ne convient pas à la majesté des affections
saintes ». (O. DOUEN, II, p. 4.)

plétant l'une l'autre, forment ce qu'on appelle la vie, la vie spirituelle.

Et voilà ce que fut une chose unique dans sa beauté comme dans sa force, le Psaume !

*
* *

L'année même de son apparition, le Psautier complet a 25 éditions. En quatre ans, 62 éditions se succédent, et les *traductions* se multiplient, aussi merveilleusement que les *éditions*. Il est traduit en Anglais, en Hollandais, en Danois, en Bohème, en Haut-Romanche, en Italien, en Espagnol, en Portugais, en Gascon, en Béarnais, en Malais, en Bassouto, en Latin, en Hébreu, en Esclavon, en Zend... Quel livre, sauf la Bible, a eu un pareil honneur ?

A travers le monde notre Psautier va apportant aux fidèles un ravissement. « Pour nous, dira un professeur de dogmatique au XVIIe siècle, certes, nous pouvons bien parler de ce que nous *expérimentons* et dire en toute vérité qu'il y a telle occasion où les divines paroles, animées de la façon (*sic*), mettent quasi nos âmes hors d'elles-mêmes, de sorte que je ne crois pas qu'il se puisse voir en la terre une plus belle image de ce que nous espérons quelque jour en paradis » [1].

Et à travers le monde notre Psautier va apportant aux ennemis l'effroi, une terreur superstitieuse.

C'est le souffle de ces Psaumes qui pousse les vaisseaux de Guillaume III d'Orange, et provoque la « glorieuse révolution » de 1688, dans laquelle disparaît le trône des Stuarts, alliés du Révocateur de l'Edit de Nantes.

---

1. Moyse AMYRAUT : *Apologie pour ceux de la religion*, 1647, p. 437.

C'est le souffle de ces Psaumes qui pousse les navires des Pères Pèlerins, et à travers l'Océan, les amène sur la terre dont ils allaient faire la libre Amérique.

C'est le souffle de ces Psaumes qui soulève les Cévennes, fait reculer d'effroi les dragons de Bâville et de Louvois, jusqu'à ce que, mugissant comme la tempête, le souffle de ces Psaumes renverse le trône même des révocateurs de l'Edit de Nantes ! On peut dire, le Psaume a provoqué l'explosion de la Révolution de 89, dans ce qu'elle a eu de contraire à la révolution de 93, et dispersé aux quatre coins de l'Univers les principes du droit naturel de l'homme, dont les germes avaient été semés par la main du Réformateur, le créateur même du Psautier.

Telle a été la grandeur du Psautier huguenot.

## III

## Décadence

Pourquoi faut-il que je ne puisse m'arrêter ici, en face de cette vision grandiose ?

Hélas ! A la *grandeur* sublime succéda la *décadence* lamentable.

Comme nous consacrerons une étude particulière aux mélodies, nous ne parlerons aujourd'hui que des paroles, et brièvement.

La décadence du Psaume s'effectua en trois étapes successives, une par siècle.

I

*Première étape.* — Au xvıı<sup>e</sup> siècle, d'un coup, les paroles de nos Psaumes furent modifiées, trop souvent détériorées, gâtées.

La langue française avait déjà évolué, et surtout le xvıı<sup>e</sup> siècle était le siècle où l'on méprisait le style gothique, si pittoresque et si français ; on lui préférait les pastiches gréco-romains, et le plus souvent si froids.

Un académicien, Conrart, se mit à corriger le « jargon », comme on disait, de Marot et de Bèze ; et ce fut la fameuse revision de 1679 [1].

On peut très bien soutenir, surtout aujourd'hui, qu'il y avait lieu à revision. Et il ne faut pas exagérer encore les défauts du travail de Conrart. Il suffit de s'en tenir à la réalité. Il aurait fallu beaucoup de mesure, beaucoup de tact : le tact manqua et la mesure fit défaut.

Voici trois exemples, qui nous permettront de porter un jugement personnel et éclairé :

1° Le premier vers du Psaume 79 est celui-ci :

> Les gens entrés sont dans ton héritage.

C'est le Psaume qu'ont chanté les martyrs de Meaux, presque les premiers martyrs de notre Eglise réformée de France.

--------

1. Un dimanche que, retenu par la goutte, il célébrait tout seul son culte, et chantait le psaume 38 de Marot :

> « Las ! en ta fureur aiguë
> Ne m'argues de mon fait
> Dieu tout puissant. »

un ami, passant dans la rue, l'entendit, monta, et lui exprima son étonnement de voir un homme, parlant et écrivant si bien, se servir d'un tel jargon. Conrart répondit très pieusement, mais ensuite il réfléchit et revisa cedit Psaume. Cet essai plut ; Conrart continua son œuvre.

Les fidèles sont assemblés ; on les surprend. quatorze sont saisis. Quand on les emmène brutalement, ils chantent :

> Les gens entrés sont dans ton héritage.

et peu de jours après, quand les soldats féroces les poussent au supplice, au bûcher, en les voyant passer, les fidèles, héroïques, répètent :

> Les gens entrés sont dans ton héritage.

Ce vers dit merveilleusement les violences des soldats, des dragons, qui sautent, se précipitent dans les temples, crient, frappent, brisent... On voit, on entend la scène de violence, traduite à l'oreille par les syllabes courtes, rudes, brutales, qui se heurtent entre elles :

> Les gens entrés sont dans ton héritage.

C'est une trouvaille, un chef-d'œuvre ! Que penser de la revision, qui lui substitue cette calme et douce platitude :

> « Les ennemis sont dans ton héritage ».

2° Au premier verset du Psaume 42, Bèze avait dit, et nos pères chantaient :

> Ainsi qu'on oit le cerf bruire,
> Pourchassant le frais des eaux,
> Ainsi mon cœur qui soupire,
> Seigneur, après tes ruisseaux,
> Va toujours criant, suivant
> Le grand, le grand Dieu vivant :
> Hélas ! doncques quand sera-ce
> Que verrai de Dieu la face ?

Il y avait un mot, un seul, qui avait vieilli. Nous avons encore l'infinitif *ouïr*, le participe passé *ouï* ; nous n'avons plus l'indicatif présent : il *oit*. Il suffisait donc de changer ce mot, cet unique mot ; moins encore, il suffisait d'ajouter à ce mot une lettre, une seule lettre, et de mettre : « ainsi qu'on *voit* ».

Ce changement d'image (du reste imperceptible) était permis.

Qu'a-t-on fait ? On a tout changé, tout, sauf un vers, un sur huit !

Or ce psaume, et en particulier ce verset, était peut-être le chef-d'œuvre de Bèze.

Ce verset était une phrase unique, dont rien n'arrêtait ni l'élan, ni l'ardeur. On a commencé par couper la phrase unique en trois. L'ardeur a été refroidie, l'élan a été brisé.

On *voyait* le cerf dans la forêt, « pourchassant le frais des eaux » ; il marche en hésitant, la tête au vent. Il flaire, il hume, brûlé par la chaleur, il pourchasse le frais. Toutes ces images ont été remplacées par le vers plat que voici :

> Après le courant des eaux.

Puis on a remplacé le mot concret *cœur* par le mot abstrait *âme*, et on a remplacé l'expression sensuelle, dirais-je : « le *frais* des eaux », par l'expression indifférente « le *courant* des eaux ».

Puis venaient les deux vers, merveilleux de poésie imitative, et d'élan :

> Ainsi mon cœur, qui soupire
> Seigneur, après tes ruisseaux,
> Va toujours criant, suivant
> Le grand, le grand Dieu vivant :

La bête est haletante, brûlée par le soleil et le désir. Les syllabes sonores reproduisent son cri rauque ; on entend bramer la bête, qui va toujours *criant*, *suivant* le *grand*, le *grand* Dieu *vivant*. Ici encore, c'était une trouvaille, un chef-d'œuvre aussi clair que beau, et s'adaptant merveilleusement à la mélodie. La révision a tout supprimé, et tout remplacé, sans tenir compte de la mélodie, par ces deux lignes inoffensives :

Elle a soif du Dieu vivant
Et s'écrie en le suivant :

C'était *magnifique,* c'est *quelconque.*

3° Or, messieurs, on a fait pire, si possible, avec le plus célèbre de nos Psaumes, le Psaume des batailles. Si un Psaume aurait dû être respecté, c'est bien celui-là.

Or c'est celui qui a été le plus maltraité et le plus sottement. On a changé pour changer. On a remplacé l'expression sonore et imagée : *soudainement,* par l'expression abstraite et sourde : *en un moment.*

On a remplacé « *Dieu* » par « *on* » ; on a remplacé « *un amas de fumée* » par « *une épaisse fumée* » ; on a répété le mot « *camp* » ; on a répété deux fois « *l'on verra* » ; on a répété le mot *comme ;* on a coupé et recoupé de façon à arrêter le mouvement de la pensée, jusqu'à ce qu'on soit arrivé à des phrases bien séparées, qui s'alignent égales, et qui peuvent se débiter, s'égrainer comme un chapelet.

> Que Dieu le montre seulement
> Et l'on verra *dans un moment,*
> Abandonner la place ;
> Le camp des ennemis épars,
> Epouvanté de toutes parts
> Fuira *devant* sa face.
> *On verra* tout le *camp* s'enfuir
> Comme *l'on voit* s'évanouir
> Une épaisse fumée,
> Comme la cire fond au feu,
> Ainsi des méchants devant Dieu
> La force est consumée.

**Ainsi Conrart ; et Bèze avait dit :**

> Que Dieu se montre seulement,
> Et l'on verra *soudainement*
> Abandonner la place
> Le camp des ennemis épars ;
> Et ses *haineux* de toutes parts
> Fuir devant sa face ;
> Dieu les fera s'enfuir
> Ainsi qu'on voit s'évanouir

Un amas de fumée ;
Comme la cire auprès du feu,
Ainsi des méchants devant Dieu
La force est consumée.

Et quand ces trois phrases dans leur crescendo terrible se précipitaient du haut des montagnes des Cévennes, les soldats du grand roi prenaient la fuite en désordre, en déroute, et aucun officier ne pouvait plus les retenir.

Jamais vandales ne ravagèrent de la sorte pareil sanctuaire.

2.

*Seconde étape.* — Le XVIII<sup>e</sup> siècle, et la grande catastrophe. Le cœur avait fait le succès ; quand le *cœur* n'y fut plus, ce fut la défaite, le rationalisme du XVIII<sup>e</sup> siècle.

C'est encore le fanatique adversaire de Calvin et du calvinisme qui l'avoue, il faut dire qui s'en glorifie, en ces termes stupéfiants : « A mesure que se réalisaient les progrès *si chrétiens de la philosophie du XVIII<sup>e</sup> siècle* » (*les progrès si chrétiens de la philosophie* de Voltaire, de Diderot, de d'Alembert, d'Helvétius, du baron d'Holbach), les Psaumes reculèrent, on comprit mieux ce qu'étaient « la fraternité, la tolérance, la liberté des opinions, le droit, la justice », et une foule de choses que « le huguenot n'imaginait pas » [1]. — C'est un autre coryphée, modéré, lui, des mêmes idées religieuses, qui, dès 1829, s'était exprimé sur les Psaumes en ces termes : « C'est le génie juif, ce n'est pas celui du christianisme, ni celui *de l'humanité* » [2].

Les Psaumes, hors l'humanité !

---

1. O. Douen I, p. 31, 32.
2. Samuel Vincent : *Vues sur le protestantisme en France,* 1829, II, p. 198.

Et voici ce qui était plus humain et plus chrétien.
En 1775, le pasteur français, de Leipzig, chantait :

> Tout désordre apparent est un ordre réel,
> Tout mal particulier un bien universel ;
> Et, bravant de tes sens l'orgueilleuse imposture,
> Conclus que tout est bien dans toute la nature.

Seize ans plus tard, 1791, le pasteur français de Berlin chantait :

> De la suprême sagesse
> Respecte le règlement.
> Des biens, que le sort te laisse,
> Jouis sans emportement ;
> Pour consoler ta tristesse
> S'ouvrent les Cieux indulgents [1].

### 3.

*Troisième étape.* — Avec le XIX⁰ siècle vint le Réveil. Béni soit à jamais le Réveil qui sauva la foi ! Mais, au lieu de faire revivre les Psaumes, le Réveil apporta la dernière cause, pas la moins efficace, de leur mort presque complète. Le Réveil n'était pas né sur le sol de la France, il était étranger, venu d'Angleterre et de Suisse. Or il faut bien distinguer entre la foi et la forme de la foi, de la piété dans chaque Eglise. Si *l'évangile*, les faits et les idées qui le constituent, donc *la foi* chrétienne, est internationale, universelle, de tous les pays, les *Eglises* sont de véritables familles, des nations spirituelles, avec leur histoire propre, leur vie traditionnelle, et la piété, que la foi internationale crée au sein des Eglises, est nationale.

Le Réveil ne sut pas tenir compte de ce grand fait, et ce fut un malheur, dont les conséquences se sont fait sentir jusqu'à aujourd'hui. Pour le chant,

----

1. BOVET, p. 195, 196.

tout particulièrement, au lieu de *compléter* les Psaumes huguenots, le Réveil les *abandonna,* et les remplaça par des cantiques (dont plusieurs du reste sont fort beaux, et que nous avons bien raison de chanter avec amour) [1].

*
* *

C'en était trop. Dans la première moitié du xix° siècle les Psaumes disparurent presque du Psautier.

A Genève, en 1831, la révision ne laissa subsister dans l'Eglise nationale que 63 Psaumes, et 31 en 1851, tandis que le recueil de l'Egise libre (Bourg-de-Four), qui contenait 131 Psaumes en 1824, n'en contient plus que 26 en 1836, et 10 en 1860.

En France, le recueil de Paris contient 70 Psaumes en 1859, le Recueil de Nîmes, 36 de 1864 à 1921, et le Recueil de Paris-Etoile, seulement 15 en 1879.

Aussi en 1872, F. Bovet crut pouvoir terminer son admirable histoire du Psautier des Eglises réformées par cette oraison funèbre : « On peut donc considérer l'histoire du Psautier comme définitivement terminée. On s'apercevra que ce monument (son livre) élevé à notre Psautier est un monument funéraire » [2] De profundis !

*
* *

Eh bien non, non, et si, à la *Grandeur* a succédé la *Décadence,* en terminant cet entretien, j'ai le droit de dire : à la mort succède la résurrection, *le renou-*

---

1. Note documentaire IV.
2. BOVET, o. c., p. 206, et Préface, p. XII.

*veau.* Il suffit de distinguer le Psautier et le Psaume [1].

De cette même Suisse française, d'où F. Bovet nous a envoyé son *de profundis,* nous arrivent comme les échos d'un hosanna plein d'espérance : « Les textes et les mélodies de Marot et de Bourgeois sont de nouveau en honneur ». « La restauration des Psaumes est un fait acquis », disent des organistes et des maîtres de chant du pays de Vaud, de Lausanne, de Neuchâtel, du pays de Neuchâtel [2].

En France aussi, le renouveau est en marche. En 1879 le recueil de Paris-Etoile ne comptait que 15 Psaumes ; le recueil synodal, adopté par le synode national de la Rochelle, 1893, en compte 52. L'œuvre de Devoluy, *Le Psaume sous les Etoiles,* a remué tous les cœurs. Dans plusieurs localités, dans diverses occasions, on a chanté les Psaumes, comme autrefois ; l'effet a été merveilleux : ce fut une révélation.

Même la question de la revision, c'est-à-dire de la restauration de nos Psaumes, va se poser devant le Synode national [3].

Il ne s'agit pas de vaine érudition, d'aveugle manie historique. Tout ce que nous demandons, c'est que, *dans la mesure du possible* (et cette mesure est plus large qu'on ne croit), notre Psaume authentique soit rendu à nos Eglises.

Le vrai Psaume avec ses vraies notes et ses vraies

---

1. Il est possible qu'on ne publie plus des éditions complètes et populaires du Psautier, — quoique M. Henri Expert ait fait du Psautier une édition magnifique, en 1902. Mais il est possible que l'on chante de plus en plus et de mieux en mieux les Psaumes.

2. M. Schneider, organiste à la Chaux-de-Fonds (Suisse), a écrit dans l'*Eglise nationale* de Neuchâtel, 16 juin 1923 : « Les Psaumes huguenots sont de nouveau chantés avec amour par une foule de chrétiens ».

3. Voir *Note documentaire* V.

mots (dans toute la mesure du *possible*) est un magnifique joyau, une relique de famille. Quand on le donne à un fondeur quelconque pour qu'il en fasse un vulgaire ornement, plus ou moins à la mode, on commet un sacrilège.

Plus encore : Le vrai Psaume avec ses vraies notes et ses vrais mots, c'est la *voix* même, la voix vivante de nos Pères. En chantant les mêmes mots avec les mêmes notes, quelque chose de leur âme passe dans nos âmes. C'est plus qu'un sacrilège d'interdire aux pères de parler à leurs enfants. Nous avons besoin d'entendre leur troupe héroïque, invincible, nous parler, ranimer nos courages défaillants, nous appeler à la victoire.

Non, non, le Psaume huguenot n'est pas mort, il ne mourra pas ! Il vivra, et après avoir célébré la gloire de l'Eternel au temps des prophètes, après avoir célébré la gloire de l'Eternel au XVI<sup>e</sup> siècle au Désert, avec nos héros et nos martyrs, il la célébrera aujourd'hui, demain, lui le vrai chant de l'Eglise universelle et de l'Eglise éternelle.

J'ai dit !

---

En ce moment même, Pierre DEVOLUY publie un bien intéressant essai : *Cinquante Psaumes avec leurs paroles et leurs mélodies originales.* Les mots hors d'usage sont expliqués par des notes. Évidemment, cette « révision » remarquable ne peut être à l'usage de toutes les assemblées populaires, mais elle est fort intéressante et pleine d'enseignements.

# NOTES DOCUMENTAIRES

Note I

*(page 36)*

## Le premier psautier

Le premier Psautier de Calvin avait complètement disparu, lorsque, en 1878, on en a retrouvé un
exemplaire, jusqu'ici unique, dans la bibliothèque
de Vienne, en Autriche. C'est un petit volume, de
format presque carré et fort mince : 14 cm. de hauteur, 10 de largeur et pas un demi d'épaisseur, avec
63 pages, et 22 morceaux[1].

Probablement les Psaumes furent d'abord chantés sur manuscrit. Dès l'apparition du Psautier de
1539 Calvin s'efforça de l'introduire dans les Eglises de la Suisse française.

---

1. *Aulcungs Pseaulmes et cantiques* mys en chant, à Strasbourg, 1539. Réimpression phototypographique, précédée d'un
Avant-propos par D. Delétra, à Genève. A. Jullien, libraire, 1919,
p. XII. Voir O. DOUEN : *Clément Marot et le Psautier huguenot*, I, p. 302.

## Note II

*(page 36)*

# Les Psaumes mis en vers par Calvin

La petite brochure de 1914, dit : « La grosse difficulté restera malgré tout, de faire de Calvin un poète, car les vers français, qu'on possède de lui, sont aussi froids, aussi secs et aussi rigides que s'il les avait faits en bois »[1].

Il nous suffira de noter une autre appréciation, celle de l'historien plein de tact et de goût, qui a composé sur le Psautier huguenot un véritable chef-d'œuvre, Félix Bovet : « Bien que n'ayant pas l'élégance et la facilité de ceux de Marot, dit-il, les vers de Calvin ne sont point indignes de notre grand Réformateur, et l'on y retrouve la clarté et la fermeté qui distinguent sa prose »[2]. Du reste nous n'avons qu'à juger par nous-mêmes.

Voici la plus grande partie de la première strophe du Psaume 46 :

> Notre Dieu nous est ferme appui...
> Donc certaine assurance aurons,
> Même quand la terre verrons
> Par tremblement se dérocher
> Et monts en la mer se cacher,
> Quand la mer, bruyant et tonnant,
> Comme par courroux s'enflera,
> Et les gros rochers étonnant

---

1. Alfred B. Henry, pasteur : *Le Chant chrétien* (Nîmes, Imprimerie M. Chastanier, 1914).
2. F. Bovet, o. c., p. 18, et Appendice Note II.

> De vagues les ébranlera.
> Car la cité qu'a Dieu élue,
> Qui pour sa maison lui a plue,
> Son ruisseau doux et clair aura,
> Qui toujours la réjouira.

Ces derniers vers, avec leur mouvement, leur sonorité et leurs deux images opposées de la mer bruyant et tonnant, et du ruisseau doux et clair qui réjouit, justifient suffisamment le jugement de F. Bovet.

## Note III

*(page 40)*

# O. Douen, Marot et Bourgeois

Il est très important de savoir, dès le début, et avec exactitude, quelle autorité mérite l'ouvrage de O. Douen : *Clément Marot et le Psautier huguenot* (1878 et 1879).

Nous ne marchanderons pas nos éloges à cet ouvrage, en deux très gros et très beaux volumes, imprimés à l'Imprimerie nationale. C'est un monument d'un rare labeur, d'une rare érudition, où se trouvent réunis presque tous les renseignements et documents relatifs à notre Psautier. Quiconque s'occupe du Psautier doit le consulter, et rien ne peut le remplacer.

Il faut ajouter que les idées de cet ouvrage ont été reproduites par leur auteur dans les divers dictionnaires et encyclopédies s'occupant du Psautier. C'est O. Douen, qui a rédigé l'article « Chant d'Eglise » dans *l'Encyclopédie des Sciences reli-*

*gieuses ;* c'est O. Douen, qui a rédigé l'article Bourgeois, dans *la France protestante* (2ᵉ édit.), si bien que d'une manière générale, aujourd'hui encore, on ne sait guère que ce que O. Douen a écrit et enseigné. Dans mes lectures, dans mes conversations, dans mes voyages, j'ai rencontré des maîtres fort distingués du chant sacré protestant, qui répètent les affirmations de O. Douen, comme des fidèles répètent des paroles de l'Evangile.

*<br>* *

Or il se trouve que Orentin Douen, pasteur, agent de la Société biblique protestante de Paris, a été un des représentants les plus avancés du Libéralisme protestant le plus radical de son époque ; de telle sorte que si, pour ce qui touche à la documentation musicale, bibliographique, son œuvre est une source inépuisable de renseignements précieux, pour tout ce qui touche à Calvin, son œuvre est le monument du plus violent fanatisme dogmatique, le fanatisme anti-dogmatique.

Dans la conférence qui précède, les lecteurs ont trouvé des preuves qui sont suffisantes ; cependant pour ceux qui seraient tentés de mettre en doute notre impartialité, nous citons tout de suite une seule autorité, mais suffisante, celle du grand critique genevois, Th. Dufour. Sa réputation d'impartialité et d'exactitude était telle que c'était presque une réputation d'impeccabilité. Il a consacré dans la *Revue critique*[1] deux articles à l'ouvrage de O. Douen. En voici quelques lignes.

---

[1]. *Revue critique d'histoire et de littérature.* 1881. Th. Dufour : « Clément Marot et le Psautier Huguenot, par O. Douen », premier article, 31 janvier 1881, p. 85, 93, second article, 7 février 1881, p. 88-114.

« Le lecteur impartial ne peut s'empêcher de penser que M. Douen exagère ou idéalise tout ce qui concerne Marot, en chargeant des plus sombres couleurs tout ce qui touche à Calvin ; et qu'il y a chez lui un parti-pris de rabaisser le réformateur pour exalter le poète. Ce serait le cas de rappeler à M. Douen une réflexion qu'il a faite lui-même (I, p. 407) : « La postérité est injuste, lorsqu'elle est égarée par des préventions dogmatiques » (*Revue Critique*, p. 86). Puis, pendant des pages et des pages, Th. Dufour montre que les « hypothèses » que O. Douen « présente comme des affirmations, ne reposent en définitive sur aucune base certaine » (*Ibd*, p. III). Ailleurs, Th. Dufour écrit : « La ville où des milliers et des milliers de Français, persécutés dans leur patrie, ont trouvé un asile, devient sous la plume de O. Douen : « un sol détesté », où l'on vit dans « l'esclavage (I, p. 144), et où la liberté ne pouvait fleurir au xvie siècle ! » (*Ibd*, p. III, n° 1). Le point d'exclamation est de Th. Dufour.

Il nous faut insister sur l'histoire travestie que O. Douen écrit des rapports de Calvin avec le traducteur des Psaumes, Marot, et avec l'auteur des mélodies des Psaumes, Bourgeois.

I.

O. Douen a imaginé des « entretiens littéraires » entre Calvin et Marot, où les deux personnages discutaient l'exactitude de la traduction du poète. « A la moindre tournure qui s'écartait de l'original, sous prétexte d'élégance ou de difficulté, *il me semble voir* Calvin tressaillir comme un autre Elie, et l'entendre s'écrier de sa voix brève et impérieuse, en faisant jaillir la flamme de son œil perçant, etc. » (I, p. 407). « *Je ne sais si je m'abuse, mais il me semble* qu'en sortant de chez Calvin, maître Clément *devait* respirer plus à l'aise... ; il devait laisser échapper quelques mots énergiques contre la contrainte, etc. » (I. p. 409). Pas un mot de vrai, ni d'exact ; pur roman de chez la portière, inventé de toutes pièces.

Alors vient le conflit à propos de la « salutation angélique », que Marot a insérée à la fin de son volume. Le Consistoire réclame sa suppression. « Marot, esprit laïque, étranger ou supérieur aux passions théologiques, ayant fait réimprimer la pièce interdite à la suite de ses *cinquante Psaumes,* sans se soucier de la décision consistoriale, Calvin *dut* crier à la révolte, etc., etc. » (I., p. 407). Le roman continue. — Mais ici nous avons l'histoire.

Ne disons pas qu'il s'agit d'une décision du *Petit Conseil,* le 9 juin 1543 et non du *Consistoire le* 16. Vétille. Laissons parler Th. Dufour, expliquant qu'il s'agit d'éditions tout à fait différentes, l'une littéraire, l'autre ecclésiastique, sans l'ombre d'un conflit. « Au mois d'août, Marot donna, à part, sans musique et sans liturgie, le texte des cinquante Psaumes, accompagné de diverses pièces énumérées par M. Douen. Cette seconde édition, faite en quelque sorte au seul point de vue littéraire, était surtout destinée au public français, puisqu'elle débute par une « épître aux dames de France », datée du 1er août, et par une « épître au roi ». Dès lors on laissa l'imprimeur y joindre la « salutation angélique ». *Voilà les faits dans leur simplicité : l'échafaudage de supposition laborieusement dressé par M. Douen s'écroule de lui-même.* Ce n'est pas non plus pour « rendre un coup à Calvin » (I., p. 409) que Marot ne joignit pas à l'édition du mois d'août la préface (de Calvin) du 10 juin 1543. A quoi aurait-il servi d'insérer dans un Psautier sans musique une pièce qui ne traite que du chant d'Eglise ? En outre la présence seule de cette préface aurait suffi pour empêcher la vente du volume en France ». (*Revue critique*, p. 108, 109.)

.˙.

À propos de l'héroïsme de Marot, Th. Dufour écrit :

« Peut-on, comme M. Douen, appeler (p. 167) Marot un « courageux champion de la Réforme », dire (p. 54) qu'il y avait en lui « un peu de l'ardeur réformatrice du bouillant Farel » ? C'est aller trop loin. Célébrer sans cesse sa vaillance, sa constance (p. 216, 220, 245), « sa fermeté qui alla jusqu'à l'héroïsme ! [le point d'exclamation est de Th. Dufour] et *eût pu* aller jusqu'au martyre » (p. 373), répéter à satiété qu'il « vit de près le bûcher », qu'il « faillit à plusieurs reprises y monter pour sa foi » (p. 387, 424, 426), c'est, à mon avis, faire une sensible injure aux trop réels martyrs parisiens ou autres, à ceux, par exemple, qui, pendant que Marot se sauvait, expiraient dans les plus horribles tortures que le fanatisme puisse rêver (janvier 1535). » (*Revue Critique*, p. 88).

Et Th. Dufour rappelle le vers, écrit par Marot après sa seconde fuite, en parlant de lui-même :

« Lorsque la peur aux talons met des ailes, »

Ce vers se trouve dans le « Dizain au roi, envoyé de Savoie, 1543 », et cité par O. Douen (I., 415).

> Lorsque la peur au talon met des aisles,
> L'homme ne scait où s'enfuire ne courre.
> Si, en enfer[1], il scet quelques nouvelies

---

1. Il s'agit de Genève.

De sa seureté, au fin fons il se fourre.
Puis peu à peu sa peur vient à escourre,
Ailleurs il s'en va. Sire, j'ay faict ainsi
Et vous requiers de permettre qu'icy
A seureté service je vous fasse.
Puny assez je seray, en souci
De ne plus voir vostre royalle face.

*<br>* *

Pour se faire une idée de l'influence néfaste et persistante de l'œuvre de O. Douen, on peut lire l'article récemment publié dans une de nos principales feuilles religieuses protestantes (26 mai 1927) et intitulé : « En marge des vieux Psaumes, Clément Marot ».

Il est dit : « Sans doute, Marot ne fut pas toujours, comme d'autres, sage et sérieux... Il a toujours aimé la liberté de conduite, et *même la liberté des mœurs...* »

Mais « Marot était bien protestant. Il abjure l'hérésie à Lyon en 1536. Que prouve cette abjuration ? D'abord que Marot était bien protestant jusque là (!) Ensuite cette abjuration ne prouve rien, sinon que Marot ne se sentait aucune vocation pour le martyre... C'est avec toute son intelligence, et puis c'est avec toute son *âme* (!) que Marot alla à la Réforme ».

Conclusion : « Vie d'un penseur libre et d'un protestant authentique, persécuté par Rome, incompris un moment par Genève. *Genève eut tort plus que Rome.* »

C'est le dernier mot. Et il n'est rien dit, rien du honteux sonnet au roi, qui termine sa carrière.

2.

L'histoire des rapports entre Bourgeois et Calvin, selon O. Douen, est digne de l'histoire des rapports de Marot et de Calvin, telle que O. Douen vient de la raconter.

C'est en 1547 que Bourgeois mit les Psaumes en quatre parties, Calvin en fut si peu fâché que trois ans après, Bourgeois ayant composé un nouvel ouvrage, intitulé *Le droit chemin de musique*, c'est Calvin lui-même qui présenta cet ouvrage au Conseil (12 mai 1550), et obtint la permission de l'imprimer.

Il se trouvait que Bourgeois avait vu son traitement réduit à la suite d'une mesure générale, qui avait atteint les syndics eux-mêmes, parce que « la nécessité était grande dans la bourse de la ville »[1].

Et il souffrait de la misère. Calvin intervint de nouveau en sa faveur (28 novembre 1551), et « remontra au Conseil la pauvreté des biens de ce monde de maître Louis Bourgeois » et sa « nécessité », priant qu'on l'assiste. Sur cette instance, le Conseil « fit quelque bien » à Bourgeois.

Mais voilà, cinq ou six jours après (jeudi, 3 décembre 1551), que Bourgeois est accusé d'avoir modifié « sans licence » « quelques chants des Psaumes » imprimés, « ce qui trouble ceux qui avaient appris le premier chant »; et le Conseil condamne le pauvre chantre à la prison[2]. Mais immédiatement, Calvin, prévenu de ce qui se passe, accourt, et, pendant cette même séance, se présente devant le Conseil. « Dempuis est entré M. Calvin »[3], continue

1. Dufour : *Revue Critique*, p. 109.
2. Bourgeois fut plus heureux avec une autre invention, celle des tableaux « pour montrer quels Psaumes on doit chanter ». Le Conseil lui accorda une gratification (11 mars 1552). Ce sont ces tableaux dont nous nous servons encore aujourd'hui.
3. Les faits indiqués sont certains, quelle que soit leur explication. Voici peut-être l'explication. La Maison de ville,

le procès-verbal. Calvin fait observer au Conseil, que Bourgeois n'a pas agi « sans licence », que, au contraire « le changement a été fait par le consentement du Conseil de céans », et que, du reste, il s'agit seulement de corriger « l'erreur des imprimeurs de Lyon ». Le Conseil, naturellement est un peu embarrassé, et il décide « qu'on avise pour le mieux », et que « Bourgeois soit en prison jusqu'à demain », c'est-à-dire que son emprisonnement ne sera que de 24 heures [1].

Mais la discussion sur les Psaumes anciens et les Psaumes nouveaux, c'est-à-dire corrigés, continue. Calvin continue à soutenir Bourgeois, si bien que le Conseil décide de mander M. Calvin pour lui faire de « gracieuses remontrances », gracieuses, mais enfin des remontrances [2].

Enfin quelques mois après, Bourgeois voulut « aller à Lyon et à Paris pour faire imprimer ses œuvres » sur les Psaumes de David. Il demanda (25 août 1552) un congé de trois mois. Le Conseil « bien disposé à son égard » [3] accorda sans difficulté. Mais, les trois mois ne suffirent pas, et le 27 décembre 1552, Bourgeois demanda un nouveau congé de huit semaines. Cette fois-ci, le Conseil, excédé des

---

la maison de Bourgeois, la maison de Calvin étaient tout près l'une de l'autre, à une ou deux minutes de distance. Le Conseil ordonne l'arrestation de Bourgeois, et peut-être qu'il envoie tout de suite un sergent pour l'effectuer. Mais Calvin est averti, soit par quelqu'un venu de la Maison de ville, soit par quelqu'un venu de la maison de Bourgeois. Et il accourt à l'instant. Le secrétaire du Conseil rédigeait son procès-verbal séance tenante, racontant au fur et à mesure ce qui se passe. De là le mot significatif « Dempuis »

1. Pour ce texte, voir *Jean Calvin*, II, p. 515 et *Annales*, p. 494. Le récit de Th. Dufour — d'ordinaire quasi-impeccable — doit être ici légèrement corrigé. *Revue critique*, p. 109.

2. Pour les textes voir *Jean Calvin*, II, p. 515.

3. Dufour : *Revue Critique*, p. 110

demandes continuelles du pauvre chantre, perdit patience et le destitua : « arrête qu'il aille où il voudra, mais que ce soit sans que plus il ait gage de la Seigneurie ». Bourgeois revint encore à la charge, le 31 janvier 1553. Le Conseil maintint sa décision. Et ce fut la fin.

Ainsi au fanatisme qui a osé écrire : « Calvin gardait rancune... aux deux immortels créateurs de notre Psautier... Marot et Bourgeois, les jugeant infidèles, et considérant leur indépendance comme une révolte contre Dieu »[1], l'histoire répond : au contraire, Calvin, « intercéda en faveur de tous deux[2] ».

Telle est l'autorité de O. Douen pour tout ce qui touche à Calvin, à ses idées et à sa conduite.

## NOTE IV

*(page 59)*

# Les Psaumes,
# le Rationalisme et le Réveil

On assista alors à un bien curieux spectacle, à un curieux chassé-croisé. Le Réveil, qui affirmait avec tant d'énergie l'inspiration de la Bible, mit de côté les Psaumes, d'après lui inspirés. Et le Rationalisme, qui ne trouvait les Psaumes ni « chrétiens » ni « humains », mais qui avait encore plus horreur des canti-

---

1. O. Douen I, p.662.
2. Th. Dufour, *Revue critique*, p. 14.

ques et de leur orthodoxie, refusa de chanter autre chose que les Psaumes. Le même auteur, qui avait émis, ou approuvé, la violente condamnation des Psaumes, prétendit que les Psaumes n'exprimaient « que des sentiments et non des idées » (ce qui était parfaitement faux et surtout impossible) et, avec sa puissance habituelle de contradiction, il écrivit : « Les sentiments de piété, de repentance, de reconnaissance, le besoin d'adoration, de supplication, les élans de l'âme vers la sainteté, sont immortels comme elle ». (O. Douen, I, p. 34).

En même temps, nos adversaires rationalistes étant devenus farouchement conservateurs, nos amis piétistes devinrent farouchement novateurs.

*Les Archives du Christianisme*, un des organes principaux du Réveil, invoquent le « progrès contre l'ancienneté », « invoquent Luther, les Eglises de la Confession d'Augsbourg, les Eglises du Refuge » (méconnaissant et oubliant les traditions huguenotes) ; et réclament « des vers moins défectueux et une musique plus mélodieuse et plus touchante !!! » (Octobre 1818).

## NOTE V

### *(page 60)*

## Nos anciens textes et la revision du recueil actuel des Psaumes et cantiques

Le Synode provincial de la Drôme, en 1926, a émis un vœu en faveur d'une « revision » et d'un

« enrichissement » de notre recueil de Psaumes et Cantiques. Le Synode national réuni à Annonay, 16 et 17 juin 1926, a pris la décision suivante (décision XXXII) : « ...Invite la Commission du chant sacré, complétée par les soins de la Commission permanente, à prendre en considération ce qu'il y a de fondé dans le vœu du Synode de la Drôme et à préparer un recueil nouveau ».

Sur cette revision voici trois opinions :

.*.

D'abord celle de M. H<sup>te</sup> Draussin dans *L'Eglise Libre,* mai 1926, n° 22, sous ce titre : *Propos d'un méridional :*

« Quant à la revision du texte des Psaumes de notre recueil actuel, texte qui n'est lui-même qu'une revision de l'œuvre de Courart par Decoppet et Th. Monod, *je suis stupéfait* de la réclamation (présentée au Synode particulier de Nyons), d'un retour à la poésie de Marot et de Th. de Bèze. *Eh ! quoi ! par fidélité à l'esprit de nos pères,* il faudrait assujétir notre langage à celui du XVI<sup>e</sup> siècle !... Je doute que les auteurs et les votants de l'ordre du jour de Nyons connaissent une vieille édition des Psaumes. »

L'article cite ces mots : sagette, souleras, naseaux, altitonant, recordé, mauvestie, chambrière, hârper, et il continue : « C'est par centaines qu'il faudrait noter les termes latinisants, les expressions désuètes, voire triviales, ou *blessantes pour notre sens moral.* Il est vrai qu'on a la ressource de supprimer des versets malsonnants, des Psaumes entiers, mais même ceux que l'on a conservés, ou que l'on conserverait dans une future revision, devraient être, en maint endroit, corrigés, car il n'est pas admissible que nous chantions les louanges de Dieu autrement qu'en un français actuel, sinon très poétique, du moins correct, et accessible à l'intelligence de tous les fidèles. »

Rien dans ces lignes ne répond aux critiques que nous avons présentées, et que nous aurions pu multiplier. On peut admettre qu'il y a eu des modifications nécessaires, et soutenir qu'il y a eu des modifications inutiles, malheureuses et sacrilèges, à tous les points de vue.

*<br>* *

Voici l'opinion contraire. Elle est de P. Devoluy, dans sa *Conférence sur le Psaume du Désert* (causerie dans *Foi et Vie*, le 26 mai 1926) :

« L'histoire du Psaume huguenot... est une émouvante et exceptionnelle épopée... Et nous avons de plus l'impression qu'en y touchant nous commettons une sorte de sacrilège. La revision de Conrart, en 1679, se heurta d'ailleurs et longuement à l'opposition bien justifiée — hélas — des protestants de France. Et il n'est pas indifférent de savoir qu'aux temps héroïques, et jusque vers le milieu sans doute du XVIII° siècle, les échos du Désert ne la connurent pas.

« La noblesse du vers, le sens poétique du mot propre, la richesse et la vivacité des images, l'harmonie même de certains hiatus, que nous admirons chez Marot et de Bèze, ont été par Conrart déplorablement abolis.

« On nous dit que le domaine de la foi est fort au-dessus des préoccupations de la poésie, de la musique et de l'art en général. Certes, je le veux bien ; mais croyez-vous que, pour l'exalter vers les sommets de la foi, il soit indifférent d'avoir sous les yeux les chefs-d'œuvre de Michel-Ange, ou les cartons-pâtes en série ? Croyez-vous qu'il soit indifférent d'entendre la voix grêle du mirliton, au lieu du chant d'airain des cloches ? »

Parmi les exemples cités, il y a celui-ci : « Quand Marot s'écrie (Psaume 9) :

« O Seigneur, je veux en cantique
Célébrer ton nom authentique. »

il est un peu humiliant tout de même, d'en être réduits, dans nos temples, à la parodie de Conrart :

« Et je rendrai par mon cantique
Ma reconnaissance publique. »

Et de plus : « Pour les paroles, certaines ont vieilli, c'est évident et naturel, mais pas vieilli autant qu'on le croit. On pourrait en tout cas ne faire chanter dans le culte que les Psaumes, dont le texte a le moins vieilli, et adjoindre d'ailleurs au Psautier des notes explicatives ». C'est l'essai qu'a tenté P. Devoluy dans le volume qu'il vient de publier.

*<br>* *

Et enfin voici une troisième opinion, qui a précédé de trois siècles les deux opinions précédentes, qui a même précédé de trente-deux ans l'opinion et la revision de Conrart. On voit que la critique des paroles de nos Psaumes remonte loin. Déjà, il y a 300 ans, on leur reprochait, en particulier, des paroles « blessantes pour le sens moral ». Le célèbre professeur de Saumur, Moyse Amyraut, dans son *Apologie pour ceux de la religion* (Saumur, 1647, p. 431-433) répond en ces termes à ceux qu'il appelle « quelques esprits malformés » : « Ils cherchent par ci par là quelques vieux mots et quelques locutions surannées, qui se rencontrent notamment dans la rime de Marot, qu'ils tournent en dérision, jusques là qu'il y en a quelques-uns qui les veulent faire servir à engendrer des pensées sales et profanes. Or pour ce qui est de ces derniers, je ne leur réponds point : ils ne sont pas dignes que des gens d'honneur s'amusent à eux... Je dirai seulement pour ce qui est de la vieillesse de l'élocution, chacun sait combien notre langue est exposée au changement, et comment au bout de 9 ou 10 ans pour le plus, une façon de parler, qui a eu de l'élégance en son temps, devient quasi barbare et étrange à nos oreilles. Ceux qui ont quelque sens, et tout ensemble quelque candeur, avouent que si l'on ôte quelques-uns des plus vieux termes, qui sont en assez petit nombre pourtant, ils ont en leur simplicité une grâce tout à fait incomparable. »

*<br>* *

Enfin voici un dernier document.

Après avoir entendu, pendant « La Journée du Psaume » à Lézan (octobre 1926) une conférence et deux leçons sur la manière dont il faut chanter nos Psaumes, vingt-cinq pasteurs et quelques laïques, s'occupant du chant dans nos Eglises, ont adressé à la *Commission de Revision*, instituée par le Synode national d'Annonay, le vœu suivant :

« Veuille la Commission étudier avec soin la restauration de nos vieux Psaumes, paroles et mélodies, dans la plus grande mesure *possible*. Cette mesure est plus grande qu'on ne le croit et qu'on ne le dit d'ordinaire, témoins les expériences très belles faites en Suisse, à Neuchâtel et à Lausanne, et en France dans la Seine-et-Oise, dans le Diois, dans la Saône, dans le Gard et ailleurs. Pour le réveil de la piété et de la foi dans l'Eglise réformée ! »

Le vœu est modéré, « moyen », peut-on dire.

# A LA DÉCOUVERTE DU VRAI CHANT DU PSAUME HUGUENOT

## Exécution et Expression

## DEUX ÉTUDES

# PREMIÈRE ÉTUDE

# L'EXÉCUTION MUSICALE

## Introduction

Le mot *découverte* peut être pris dans deux sens très différents. On peut découvrir ce que personne ne sait, et l'on peut découvrir ce que d'autres savent, mais ce qu'on ne sait pas soi-même. Le premier genre de découvertes est l'apanage des plus grands savants, Archimède, Newton, Pasteur ; le second est l'apanage des ignorants, qui ont conscience de leur ignorance. — C'est d'une découverte du second genre que je viens parler : comment faut-il chanter le vrai psaume huguenot ?

****

Peut-être mon ignorance, mon incompétence musicale (on la constatera et on la reprochera à juste titre) auraient dû m'arrêter. J'ai été poussé par deux sentiments.

1° C'est d'abord mon goût très vif pour les *chants populaires*, avec leurs trois caractères : des paroles

très simples, des airs très simples, et des airs et des
paroles si bien faits les uns pour les autres, que
l'être le plus simple comprend, sent, est saisi. — Or
un psaume, qu'est-ce ? Un *chant populaire,* une chanson, comme nous l'avons dit [1]. Devoluy a écrit :
« Ce n'est pas porter atteinte à l'originalité réelle et
vigoureuse d'un Bourgeois, ou d'un Goudimel, que
de reconnaître dans leurs mélodies, et plus ou moins
apparentes, les racines charmantes et tenaces de nos
chants populaires » [2].

2° Ce qui ensuite m'a soutenu, c'est ma passion
plus vive encore pour l'histoire huguenote. — Or un
Psaume, qu'est-ce ? le huguenot lui-même.

Florimond de Raemond, le fanatique renégat, dit :
« l'Eglise de Calvin est de même date et impression
que les Psaumes de Marot » [3]. Du Boulay, le grave
historien de l'Université de Paris, dit : « C'est au
chant des Psaumes qu'ils bâtissaient leur Eglise » [4].
Henri IV dut choisir, nous est-il raconté, « entre la
couronne de France sur la tête, et une paire de
Psaumes à la main ». Sous Louis XIII, l'évêque Godeau dit : « Savoir les Psaumes est parmi les protestants, comme une marque de leur communion ». Sous
Louis XIV, un curé ayant fait ordonner à un serrurier de la religion, qui demeurait en face de son
église, de cesser le chant des Psaumes, qui, disait-il,
troublait ses fidèles, le serrurier ne se pressa pas
d'obéir. On lui envoya un sergent, avec un exploit,
sur lequel il devait inscrire sa réponse. « Je ne sais

---

1. *Note documentaire I*
2. DEVOLUY : *Foi et Vie,* O. C., p. 171.
3. FL. DE RAEMOND, p. 1963, 1964.
4. DU BOULAY ; F. BOVET, p. 55 et 86.

que répondre », dit le serrurier. « Il me faut une réponse », dit le sergent. « Eh ! bien, dit le serrurier, écrivez :

> Jamais ne cesserai
> De magnifier le Seigneur ;
> En ma bouche aurai
> Son honneur.    (Ps. 34).

Encore un trait inédit, sauf erreur, et qui m'a été communiqué par l'auteur de *Nos Garrigues*. Le 16 février 1658, une assemblée tenue à Dions (Gard) a été surprise. Pierre Béchard, tailleur d'habits, est interrogé. « Lui ayant été demandé s'il n'avait point d'armes, répondit, en montrant un des livres des Psaumes, que c'étaient là ses armes, et alors même il chanta des Psaumes » [1].

Le huguenot est un chrétien, qui porte la Bible dans son cœur et les Psaumes sur ses lèvres.

*
* *

Au moment, où nous nous disposions à exposer les principaux résultats de notre longue enquête, une parole a retenti dans la presse, une parole de découragement. *Nos pères chantaient mal !* A quoi bon alors perdre notre temps à rechercher les moyens par lesquels ils étaient arrivés à mal chanter ? — C'est Madame de Sévigné, qui l'aurait dit : « Je croyais que ces gens-là étaient chrétiens ; mais ils chantent si mal, que je ne le crois plus » [2]. C'est péremptoire. — Va-t-il nous falloir croire, toujours sur la même parole de la même marquise, que nos pères n'étaient pas chrétiens ?

---

1. Archives départementales de l'Hérault, à Montpellier. Liasse C, n° 238, Assemblée de Dions, du 16 février 1658.
2. Texte cité dans le *Christianisme au XX<sup>e</sup> siècle*, 12 août 1926.

*
**

Il y a lieu d'abord de se demander quelle était l'autorité spéciale de Madame de Sévigné, pour juger de la foi et du chant de nos pères.

Madame de Sévigné fréquentait les Le Tellier, les Baville (le bourreau, le démon des Cévennes). Elle admirait la Révocation de l'Edit de Nantes : « Rien n'est si beau ! » dit-elle. « Jamais aucun roi n'a fait et ne fera rien de plus mémorable ». Elle admirait les dragonnades et les dragons de Louvois : « Très bons missionnaires », disait-elle [1].

'Telle était sa compétence religieuse et son impartialité.

*
**

Par contre, nous avons déjà cité les jugements des plus fanatiques ennemis de nos pères. Ce qu'ils leur reprochaient, c'était de chanter trop bien : « Le nouveau chant *doux* et chatouilleux », « l'enchantement », dit le renégat Fl. de Raemond, parlant du chant des Psaumes ; — « *La sirène calviniste,* dit le luthérien envieux ; — « Alléchés par la *douceur* de la mesure et du chant *mélodieux* », dit l'évêque Godeau du chant des Psaumes.

Et au XVIIe siècle le défenseur des Psaumes se borne à répéter ce qu'ont dit les adversaires. Le professeur de théologie de Saumur, Moyse Amyraut, écrivait : « Bien que les Psaumes aient été mis sur une musique un peu difficile en quelques endroits, *nous sommes tellement accoutumés à les chanter dès notre enfance,* que les plus simples du populaire s'y rencontrent en un parfaitement bon accord, avec les meilleurs musiciens, et que du mélange de tant de

---

1. Lettre du 28 octobre 1685, à Bussy.

voix se forme je ne sais quelle harmonie, dont le seul son a quelquefois *ravi* les passants, *tant l'air de ce chant est mélodieux* » [1].

*<br>* *

Enfin voici un document qui me paraît devoir être mis à part. C'est une lettre que m'a adressée, le 14 novembre 1926, la femme d'un modeste cultivateur de Lézan (Gard), descendante d'une vieille famille huguenote de simples artisans. Elle avait entendu mes conférences sur les Psaumes. « Mon père, m'a-t-elle écrit, chantait les Psaumes à une allure rapide. Mais il nous disait que jamais il ne les avait entendu chanter comme à son père, coutelier, né à St-Amand-Valloret (Tarn), et décédé en 1909, à 88 ans environ.

« Mon grand-père a été un chanteur de Psaumes. Je l'ai entendu chanter à l'âge de 87 ans. La voix se voilait parfois un peu, mais elle était très nette ; l'allure était *très, très rapide* ; les paroles, chantées très *distinctement,* étaient très bien perçues à distance. Tout le temps qu'il chantait, nous étions *comme sous un charme.* Ce chant était *moelleux,* comme les champs d'épis, en juin, sous un petit vent, le sont à l'œil.

« Un des plus beaux Psaumes, qu'il chantait, était le 79 : « Les nations sont dans ton héritage ». Il chantait : « Je suis ton serviteur, le fils de ta chambrière », et « Le sacré nom du Seigneur ».

« Il me disait encore que tout petit, il se rappelait son grand-père (né vers 1750) très âgé, chantant les Psaumes à mi-voix, en tournant le rouet, qui dévidait en canettes le chanvre ou la laine des quenouilles, et quelqu'un qui l'entendit chanter dit, en patois, à

---

1. *Apologie pour ceux de la religion,* 1647, p. 437.

mon grand-père : « Copi la mi a quella musica »
(Copie-moi cette musique) ».

Telle était la tradition dans cette famille, depuis
une centaine d'années. Ce témoignage a tout le par-
fum du terroir : C'est la voix même de la terre huguenote.

N'en déplaise à la si spirituelle marquise, les pires
ennemis et les plus ardents amis nous le répètent,
nous le montrent, nos pères chantaient bien.

*
**

Il ne reste plus qu'une question subsidiaire, et peu
importante : Madame de Sévigné a-t-elle dit ce qu'on
lui fait dire ?

Où se trouve le texte cité ?

Pendant plusieurs mois les appels dans la presse
ont été inutiles. Enfin quelqu'un a signalé le texte
suivant : « Voici le jour, où je vous écrirai, ma fille,
tout ce qui plaira à ma plume. La bonne princesse
(de Tarente) alla à son prêche ; je les entendais tous,
qui chantaient des oreilles, car je n'ai jamais entendu de *tons comme ceux-là*. Je sentis un plaisir
sensible d'aller à *la messe* ; il y avait longtemps que
je n'avais senti la joie d'être catholique[1]. » — Et voilà
le texte qui a été transformé en celui-ci. « Je croyais
que ces gens-là étaient chrétiens, mais ils chantent
si mal que je ne le crois plus ».

Le fameux texte est un faux involontaire, inscons-
cient.

*
**

Qu'a voulu dire, en réalité, la marquise ? Son
expression « chanter des oreilles » n'est certainement
pas un éloge. Mais quel genre de critique est-ce ?

---

1. Lettre de Noël 1673 à Madame de Grignan. *Les Grands
écrivains de France*, Mme DE SÉVIGNÉ, IV, p. 296.

Tout ce qui est clair, c'est que la marquise oppose les *tons* des Psaumes à ceux de la messe. Or la messe, c'est le plain-chant. Et nous voilà tout simplement ramenés aux vieilles critiques des renégats et des espions, à savoir que le chant des Psaumes était le contraire du plain-chant. Les Psaumes étaient « pétulants », « précipités », « gais », « propres aux danses et aux rondes », etc., c'est-à-dire doux, chatouilleux, séduisants, bref la Sirène calviniste.

Après quoi la très spirituelle marquise se félicita d'être catholique et entonna un hosanna en faveur de la Révocation de l'Edit de Nantes.

Voilà la grande preuve que nos pères chantaient mal.

*<br>* *

Et maintenant que la voie est libre, recherchons d'abord ce qu'a été *l'Exécution musicale ;* nous chercherons ensuite ce qu'a été *l'Expression religieuse* du vrai Psaume huguenot... si beau !

# I

## Vitesse

Dans le domaine de *l'exécution*, ma première découverte a été que nos pères chantaient vite.

### I.

La première preuve est un passage curieux du grand calomniateur Fl. de Raemond : « Les Psaumes, dit-il, furent ordonnés pour être chantés en leurs assemblées, distribués par petites sections, ce qui fut fait l'an 1553, pour servir comme de *reposoir* d'un escalier, à prendre haleine, en une si longue dévotion, telle que la leur. Car le chant des Psaumes, qui se fait au prêche, dure demi-quart d'heure, pour le plus [1]. »

*<br>* *

Or une sorte de tradition veut que nos pères aient chanté tous les psaumes en entier. C'est une erreur. Un tableau [2], qui se trouve dans des Psautiers du XVIe et du XVII[o] siècles, nous montre que nos pères chantaient plusieurs Psaumes à la file, deux et même trois, quand ils étaient trop courts, mais qu'ils les chantaient en deux ou trois fois, quand ils étaient trop longs. Le Psaume 119 était divisé en onze morceaux, chantés dans onze cultes différents. — Un jour nos pères chantaient quatorze versets, un autre jour, ils en chantaient vingt-neuf, et l'on peut dire qu'en moyenne ils chantaient de dix-huit à vingt versets par culte, en trois fois .

Or on ne chante pas vingt versets, ni même dix-huit en un demi-quart d'heure.

Évidemment, selon son habitude, le renégat a caricaturé, calomnié. Tout ce que nous avons à retenir de son propos, c'est que nos pères chantaient vite [3].

---

1. FLORIMOND, p. 1563.
2. « Tableau pour trouver les Psaumes, selon l'ordre qu'on les chante. » Il y avait trois cultes par semaine, deux le dimanche et un le mercredi. Dans ces trois cultes on chantait tout le Psautier, en six mois. Ce tableau a été signalé par BOVET et par O. DOUEN, I, p. 402, n° 1.
3. « C'est précisément le rythme bref, qui donne aux Psaumes tant de supériorité sur le plain-chant, et leur valut tant d'accusations de la part des catholiques et des luthériens ». O. DOUEN, II, p. 391, 392. Pensons à la marquise de Sévigné.

2.

Mais il y a une autre preuve, plus décisive, de cette rapidité. Elle était précisément le principal reproche que leurs adversaires faisaient à nos pères.

Florimond parle des « mignardises et des airs pétulants »[1]. Un autre renégat, Cayet[2], parle de ces chansonnettes de rimasseries, « où l'intelligence se perd » parmi les cadences et rencontres ». Au XVIIe siècle, le cardinal Bona (1609-1624) trouve ces mélodies « excitées », « précipitées », « prêtant à rire (hilares) », « propres aux rondes et aux danses »[3]. Et, faisant écho à ces catholiques, un pasteur luthérien dénonce le caractère « lascif » des Psaumes et s'écrie : « A bas ! les fantaisies profanes, les sauteries et les danses de la musique calviniste »[4].

3.

Et surtout, il ne faut pas oublier la si importante déclaration de la huguenote des Cévennes sur la tradition séculaire conservée dans sa famille. Nous l'avons citée un peu plus haut.

Dernière preuve, pas la moins probante. A la fin du XVIe siècle, les accusations catholiques et luthériennes sont répétées par des musiciens protestants.

Il s'agit de deux textes. L'un se trouve dans la *Préface des Psaumes,* de Jean Servin : « lesquels on sera averti de chanter *posément,* pour leur donner

---

1. FLORIMOND, p. 1537, 1538.
2. Né en 1525, étudiant à Genève, pasteur renégat en 1595.
3. BOVET, p. 71.
4. DANREUTHER, fin du XVIe siècle. Voir BOVET, p. 78 et 299.

*plus de gravité* » ; l'autre se trouve dans la Dédicace de la première édition du *Dodécacorde,* de Claudin le Jeune : « Si cette musique est *pesante et grave,* j'ai estimé que nous devons *être lassés* et de nos modulations légères, et de nos légères mutations. »

Deux remarques mettront les choses au point :

1° L'ouvrage de Jean Servin date de 1565 (et Jean Servin n'est pas connu de la *France protestante,* 1re édition). L'ouvrage de Claudin le Jeune date de 1598. Claudin le Jeune composa des Oratorios (le premier opéra, dit-on), des ballets, et voici ce qu'en dit O. Douen lui-même : « Un air de ballet, composé pour les noces du duc de Joyeuse, après des Psaumes en motets !... On voit bien que *nous nous éloignons de la première génération huguenote,* que l'austérité première de la foi s'est voilée, que les intérêts de la politique ont été mêlés à la religion, et que l'un des nôtres pourra bientôt dire : Paris vaut bien une messe. En attendant, Claudin fréquente la cour d'Henri III, obtient le titre de maître de 'a musique du duc d'Anjou, frère du roi [1]. » Ce serait donc quand la foi et l'austérité primitives commencent à disparaître, ont disparu, que l'on aurait conseillé de chanter plus lentement, à des gens habitués à chanter trop vite.

2° En second lieu, il faut noter que nous sommes en face de préoccupations politiques. Par « des tons et des mesures sérieuses », Claudin, dit-il, veut « donner opinion aux gens avisés des nations voisines, que nos légèretés et mutations ont achevé leur cours ». Ce n'est pas des légèretés et mutations mu-

---

1. O. DOUEN, II, p. 61.

sicales, que les nations voisines se préoccupent. Claudin veut « donner aux Françans de quoi unir les tons comme les pensées, et les voix aussi bien que les cœurs ». Rapprochement avec les catholiques. — Et alors, il en arrive à sa déclaration : « Si cette musique est pesante et grave, j'ai estimé que nous devions être lassés et de nos modulations légères et de nos légères mutations. Plût à Dieu pouvoir, par le mode dorien, éteindre *les fureurs* que le mode phrygien peut avoir connues » [1]. Les fureurs, les guerres...

Je ne sais si les politiciens protestants, qui répétaient contre les chants primitifs de nos Psaumes les calomnies des catholiques, méritent une grande autorité. En tout cas, il est étonnant qu'on ait cru pouvoir les invoquer pour prouver que les protestants chantaient lentement. Ce qu'ils prouvent avec la plus parfaite évidence, c'est que nos pères chantaient vite. Les politiciens mi-parti le leur reprochaient, leur demandaient s'ils n'étaient pas « *lassés* » de cette rapidité, et ils leur conseillaient de modérer, de répudier cette rapidité pour faire plaisir à la cour et aux catholiques en France et à l'étranger [2].

4.

Sous l'influence de l'incrédulité du XVIII<sup>e</sup> siècle, du rationalisme dans la première moitié du XIX<sup>e</sup> siècle, la foi languissante sembla près d'expirer en un chant plus languissant encore.

Du temps de Voltaire, un Genevois, Camus, écri-

---

1. *Dédicace*, etc., O. DOUEN, II, p. 64.
2. Voir A. CELLIER : Conférence sur *les Psaumes de la Réforme*, dans le congrès du chant sacré de Mazamet, 1922, p. 123, 124.

vait, en 1760 : « Quant à l'harmonie, je ne pense pas qu'il soit possible de rien entendre de si monotone. On pourrait s'en servir efficacement contre l'insomnie »[1]. Et plus tard, en 1835, quand César Malan, l'auteur de beaucoup de nos beaux cantiques, et des *Chants d'Israël*[2] publia de nouveau les Psaumes, dont il était grand admirateur, il en changea les mélodies et dit : « J'ai craint qu'en retenant les airs, je ne retinsse avec eux la manière languissante et monotone dans laquelle on les répète d'ordinaire[3] ».

C'est l'époque du Psautier de 1755, qui avertit les fidèles de ne pas distinguer entre les notes longues et brèves. « Toutes, dit-il, se chantent également, et ont la même longueur ». C'est l'époque du Psautier de 1846, qui avertit les fidèles de « chanter les Psaumes d'une voix soutenue et d'un *mouvement lent* » (ces mots sont soulignés). C'est l'époque où le célèbre chef du rationalisme, Samuel Vincent, déclarait que les paroles et la musique de nos Psaumes demandaient également une réforme *fondamentale* ». Pourquoi ? « Nous chantons encore les mêmes airs, qui furent composés au milieu du XVIe siècle, *dans l'enfance de l'art* »[4]. Voilà pour Bourgeois et Goudimel.

---

1. Bovet, p. 192.
2. *Chants d'Israël et les Psaumes*, 1835 F. Bovet, p. 198.
3. O. Douen, II, p. 290, 291.
4. Samuel Vincent : *Mélanges de morale et de critique sacrée*, janvier-juin 1822, p. 183, à propos des *Psaumes de David et Cantiques*, par Charles Bourrit. Il est juste cependant de reconnaître que S. Vincent dit aussi dans ces mêmes pages : « Ce n'est pas que le chant n'ait *quelquefois* de la mélodie... Tout cela est vrai, et plus vrai même qu'on ne le pense communément. On juge de nos Psaumes horriblement maltraités, et l'on n'a point l'idée de ce qu'ils sont quand l'exécution est bonne. Au fond, ces vers et ces chants ne répondent plus aux besoins des temps ».

* *

Ajoutons que cette perversion du rythme fut aidée par une ignorance particulière. Nos anciens Psautiers ne portaient que des blanches sans queue et des blanches avec queues, non pas rondes, mais en losange. On les transforma en nos blanches et nos rondes, ce qui, d'un coup, « ralentit l'allure de la mélodie d'un peu plus de la moitié »[1].

### 5.

Est-il possible d'indiquer exactement la différence de rapidité entre le xvi<sup>e</sup> siècle et la première moitié du xix<sup>e</sup> siècle ? En un sens, non. Car l'instrument, qui pourrait nous renseigner mécaniquement, le métronome, n'existait pas autrefois. Inventé vers la fin du xviii<sup>e</sup> siècle, il ne fut patenté et répandu qu'en 1816. Cependant nous pouvons accepter, en gros, le renseignement approximatif, que nous fournit notre Recueil synodal. Ne voulant pas revenir à la rapidité du xvi<sup>e</sup> siècle, il donne comme indication métronomique pour l'unité de temps (la blanche du recueil synodal), 66. Si 66 est la vitesse intermédiaire, on peut croire que la vitesse, au commencement du xix<sup>e</sup> siècle, était de 45 à 50, et au xvi<sup>e</sup> siècle de 90 à 100. (Il s'agit naturellement de moyennes : le Psaume de la Miséricorde ne se chante pas sur le même rythme que le Psaume des Batailles.)

* *

Une dernière question paraît inévitable, et la ré-

---

1. Devoluy : *Le Psaume sous les Etoiles*, p. 87. Voir Bonifas, p. 22. — Voir *Note Documentaire II.*

ponse est fort importante. Pourquoi donc le Recueil Synodal n'est-il pas revenu aux origines ? Parce que, nous dit-on, ce n'est pas possible. Objection que nous allons rencontrer souvent et à laquelle nous ferons toujours la même réponse : il est inadmissible que ce qui a été possible pendant des siècles soit impossible aujourd'hui.

Et en fait, aujourd'hui, quand on essaie, on réussit merveilleusement. On nous écrit de Seine-et-Oise : « Nous sommes revenus au rythme original du xvi° siècle. Ce fut une révélation. Le Psautier huguenot, qui avait fait figure de complainte, devenait une fanfare. Les Psaumes chantés sur le rythme original paraissaient plaire aux enfants, qui les exécutaient avec entrain. Un Psaume chanté lentement n'est pas un Psaume, il en est la caricature »[1]. Du département de la Loire, on nous écrit : « L'effet a été merveilleux »[2]. Et depuis, les témoignages vont sans cesse se multipliant.

Je ne citerai qu'une expérience personnelle. A Montauban, dans une cérémonie en l'honneur de visiteurs américains, on avait chanté des Psaumes, préparés très rapidement, suivant mes indications à ce moment-là très incomplètes. En sortant, un pasteur, que je ne connaissais pas, et qui assistait par hasard à la cérémonie, me dit : « Ah ! je ne fais pas chanter des Psaumes, parce que c'est trop ennuyeux. Mais si c'est ainsi qu'il faut les chanter, désormais je ne ferai plus chanter que des Psaumes. »

---

1. Lettre de M. LETHEL, de Bellevue, 26 janvier 1921.
2. Lettre de M. WAVRE, 16 janvier 1924.

## II

# La syncope

La découverte de la syncope a été pour moi plus difficile. C'était évidemment la faute de mon incompétence musicale, mais, comme on va le voir, j'ai eu quelques excuses.

### I.

O. Douen, répétant à peu près, en 1879, ce qu'avait déjà dit F. Bovet, en 1872, précisant et insistant, écrivait : « Le rythme du XVIᵉ siècle très marqué, très varié, très expressif, était syncopé dans plus du tiers des mélodies. Les syncopes de quarante-cinq Psaumes produisaient le plus heureux effet »[1]. — Plus récemment un des principaux restaurateurs du chant des Psaumes en Suisse, M. Schneider, organiste à La Chaux-de-Fonds, parlait « des magnifiques syncopes, qui caractérisaient le tiers des Psaumes ». A propos du Psaume 42, il parlait de « la splendide version syncopée de Bourgeois ». « Chaque phrase est syncopée. Ce simple trait rythmique donne au morceau, *outre une admirable unité, une saveur toute pénétrante* ». Enfin n'oublions pas la très importante déclaration que voici : « Les auditeurs apprennent séance tenante (cette mélodie syncopée), et l'enthousiasme avec lequel ils la chantent bientôt, rend très optimistes ceux qui croient défendre la bonne cause historique et hymnologique »[2].

---

1. O. Douen, II, p. 391.
2. Schneider, *l'Eglise nationale, journal évangélique de l'Eglise neuchâteloise,* 30 juin 1923.

A son tour, l'organiste de l'Etoile, à Paris, M. Cellier, écrit : « La syncope rythmique donne au Psaume 47 un caractère d'entrain et de joie incomparable. Regrettons bien vivement que notre recueil moderne, en supprimant cette syncope, ait perpétré le même méfait que pour le Psaume 42, et ôté son caractère au rythme, que connaissaient nos pères, et *qui n'était pas plus difficile que notre simplification par trop prudente* » [1].

2.

En effet nos pères ont eu beau chanter ces syncopes pendant deux ou trois siècles, aujourd'hui des maîtres de chant, aussi expérimentés que MM. Schneider et Cellier, ont beau affirmer que les syncopes sont faciles à exécuter, les reviseurs de notre recueil de chants déclarent nettement, dans leur préface, que c'est *impossible*. Ils ont renoncé « avec regret », disent-ils, à ces syncopes (qu'ils dénomment « retards ») « si caractéristiques dans la mesure du XVIe siècle ». « Le Psaume 42, si justement populaire, est écrit de telle sorte qu'il cesserait bientôt d'être chanté, si on rétablissait le rythme primitif, et cela malgré le charme très grand de cette mélodie rythmée. »

3.

J'allai donc aux renseignements auprès des compétences. Deux maîtresses de chant, l'une en France, l'autre en Suisse, commencèrent par me dire : « La syncope, oh ! c'est très simple. » Mais au bout de deux ou trois minutes, elles me conseillèrent de m'adresser à des spécialistes.

---

1. CELLIER, *Quelques mots sur Claude Goudimel et les Psaumes*, p. 17.

Dans une de nos plus grandes églises du Midi, tout ce que deux personnes, très habituées à diriger des chants protestants, un pasteur et un laïque, purent faire pour moi, ce fut de m'adresser à un organiste de réputation dans la ville. Et celui-ci, après m'avoir écouté avec amabilité, me dit : « Ce que vous me demandez, on ne vous le dira pas en province ; il faut vous adresser à Paris. » Plus tard, en Suisse, un professeur très distingué d'hymnologie me donna une leçon. « Pour la syncope, lui dis-je, voulez-vous me faire votre explication en prenant comme exemple le Psaume 42 ? » Et je le vois encore, devant le tableau noir, son bâton de craie à la main. Il s'arrêta, et me dit : « Mais le Psaume 42... il n'a point de syncope ! » Et l'organiste de la Chaux-de-Fonds, qui trouve que le Psaume 42 est le plus beau des Psaumes syncopés ! Et M. Cellier ! Sans doute ce petit mystère, un peu effarant tout d'abord, s'explique par une modification de la mesure primitive.

4.

Malgré tout cependant, bien que sans doute, je posâsse mal mes questions, et que, sans doute, je comprisse mal les réponses, une certaine lumière avait pénétré dans mon cerveau, et j'étais arrivé à comprendre qu'une note syncopée était une note coupée en deux par une barre de mesure[1]. Prenant

---

1. Le mot *syncope* vient d'un mot grec composé d'une préposition qui signifie *avec*, et d'un verbe, qui signifie *je coupe*. A. Danhauser s'exprime ainsi dans sa *Théorie de la musique*, p. 92 : « Dans la musique ancienne, on écrivait, en la coupant par la barre de mesure, la note syncopée, dont la seconde partie appartient à la mesure suivante ! » — Même explication et même graphique dans Savard, *Principes de la musique*, p. 165.

alors mon courage à deux mains, je rédigeai moi-même une définition de la syncope, et je l'envoyai à M. Expert, que je n'avais pas l'honneur de connaître, mais dont je savais qu'il était professeur au Conservatoire de Paris, qu'il avait édité les œuvres de Goudimel, et le plus magnifique Psautier huguenot qui existe.

Voici ma définition : « La syncope porte sur une *seule* et *même note*, c'est-à-dire que la note syncopée se trouve divisée, par la barre de mesure, en deux temps, le dernier d'une mesure, et le premier de la mesure suivante. En chantant, on *distingue* et *on unit* les deux parties de cette note, ce qui donne une *modulation*. »

C'est à dessein que j'avais employé le mot *modulation* (et non pas les mots de *retard* ou de *prolongation*). M. Expert n'a pas pu ne pas le remarquer. Or, il a bien voulu me répondre : « Vos définitions de la syncope sont bonnes, et je n'ai rien à y ajouter ».

5.

J'étais donc arrivé au but ? Non. Quand j'eus expliqué la théorie de la syncope à ceux qui devaient chanter, l'un d'eux, le plus capable, me répondit : « Je comprends ce que vous me dites, mais je ne vois pas comment je dois m'y prendre. » Et des mois se passèrent.

Celui qui me mit définitivement sur le chemin de la pratique, fut le très distingué organiste de Saint-Pierre, à Genève, M. Barblan, qui, en terminant une longue conversation, me dit : « Il faut attaquer la syncope *avec toute son énergie* ». Ce mot, à ce moment, fut le mot dont j'avais besoin.

La syncope, qui commence sur le dernier temps d'une mesure, donc sur un temps faible, et finit sur le premier temps de la mesure suivante, donc sur un temps fort, doit être attaquée avec toute énergie. Cela signifie que le temps faible devient un temps fort, et le temps fort devient, tout naturellement, un temps faible; cela signifie qu'il y a un *renversement* du rythme habituel, attendu, et que l'on éprouve un étonnement, un soubresaut : sans oublier qu'il s'agit d'une seule et même note coupée en deux, donc avec une moduation légère mais sensible.

Or, c'est bien ce qu'avait dit un des traités que j'avais lus, dès le début de mes recherches, mais que, à ce moment, je n'avais pas compris : « La syncope, dit le Manuel employé au Conservatoire de Paris, est un déplacement rythmique. Dans l'ordre ordinaire le son est articulé sur le temps fort, et finit sur le temps faible. La syncope, en plaçant l'accuentation d'une manière *contradictoire* avec la nature des temps..., de la mesure, interrompt le cours régulier, le cours de l'effet rythmique... »[1]

Ainsi tout est clair.

# III

# Le prêche

Ici, il faut suspendre un moment nos recherches plus ou moins musicales, pour nous livrer à une con-

---

1. *Principes de la musique*, de Augustin SAVARD, professeur d'harmonie au Conservatoire de musique de Paris, ouvrage approuvé par l'Académie des Beaux-Arts et adopté pour servir à l'enseignement au Conservatoire de Paris, 14ᵉ édition, p. 166.

sidération historique. Cette considération va nous fournir un critère, peut-être le critère le plus important, pour juger tout ce qu'il y a lieu de dire sur l'*exécution* et sur l'*expression* du Psaume huguenot.

*Le Psaume est le prêche des fidèles.*

### I.

Nos pères allaient au *prêche*. Dans le volume de 1674, intitulé « *Voyage à Béthel* » (p. 23 et 24), nous lisons : « Qu'il ne soit pas dit de toi, que tu as été au *temple*, et non pas au *prêche* ».

Les catholiques allaient à la messe, et à l'Eglise ; les protestants n'allaient ni à la messe, ni au temple : ils allaient au *prêche*.

Le culte catholique, qui s'appelait la messe, avait un double caractère : 1° il était célébré en latin ; 2° il était célébré tout entier par le prêtre. Le culte protestant, qui s'appelait le prêche, avait les deux caractères exactement contraires : 1° il était tout entier en français ; 2° il n'était pas célébré tout entier par le pasteur.

Les fidèles en célébraient une partie. Quelle ? Ils chantaient des psaumes.

« Le chant des Psaumes, dit F. Bovet, n'était point alors un simple ornement du culte, un hors-d'œuvre, pour ainsi dire... Il formait au contraire une partie considérable du culte ; *c'était le culte proprement dit ;* c'était ce qui avait remplacé la messe, à laquelle on avait été habitué. Le chant des Psaumes *par l'Assemblée entière*, et non plus par le prêtre seul, c'était aux yeux des réformés un glorieux privilège de leur Eglise ; *ils tenaient à ce que chacun y prit part*, et évitaient, comme *une innovation dangereuse*, tout ce qui eût pu le rendre plus difficile, et risquer d'en exclure une partie quelconque de l'Assemblée » [1].

Aussi nos synodes n'admettaient-ils pas qu'on ne portât pas son Psautier avec soi au prêche ; ils n'admettaient pas qu'on s'abstint de chanter pour cause de deuil ; ils n'admettaient pas qu'on ne se découvrit pas la tête, comme pendant la célébration du sacrement de la Sainte-Cène [2]. M. Ver a eu tout à fait raison de dire : « Le chant des Psaumes est une prière ; le chant chrétien est un *ministère* » [3].

Le chant des Psaumes, c'est le prêche du fidèle.

## 2.

Aujourd'hui, dans notre culte, il y a trois parties. — Il y a la *liturgie*. Le fidèle l'écoute en silence, s'il l'écoute, s'il est déjà arrivé, ou s'il n'est pas déjà parti. — Puis il y a le *sermon*. Le fidèle l'écoute en silence. De telle sorte que, si le fidèle se contente d'écouter, ou de ne pas écouter, les *chants,* s'il ne chante pas lui-même, il ne prend aucune part active, directe, au culte ; il renie le grand principe protestant du sacerdoce universel ; inconsciemment, mais en fait, il retourne au culte catholique, clérical.

## 3.

C'est la conception même du culte réformé, qui est en jeu.
Le fidèle va au culte pour recevoir, recevoir l'instruction, l'édification, les encouragements, la force,

---

1. T. Bovet, p. 68, 69.
2. De Félice. *Les protestants d'autrefois*, Vie intérieure. p. 61, 62, 68.
3. Ver : *La Cantilène huguenote,* p. 109, 110.

et tout ce qui est nécessaire à la vie spirituelle, à la vie. Mais c'est une erreur fondamentale et dangereuse de croire que le fidèle n'apporte rien. Le culte réformé, encore une fois, est le contraire du culte catholique, et de son *ex opere operato*. Pour recevoir quelque chose, le fidèle doit apporter quelque chose. Pour recevoir le pain et l'eau, il faut apporter la faim et la soif.

Plus encore ; le culte réformé est une collaboration. Le fidèle n'apporte pas seulement des oreilles *attentives,* et un cœur qui prie (et quelle collaboration que l'attention et la prière !) ; mais il apporte aussi des lèvres qui chantent, c'est-à-dire qui parlent.

Le culte réformé est un prêche double : le prêche du pasteur et le prêche du fidèle.

Que tout protestant, comme ses pères, aille au prêche. Le Psaume est le prêche du fidèle.


# IV

# L'articulation

Reprenons nos recherches proprement dites, avec notre nouveau flambeau entre les mains : Rapidité, syncope, articulation.

## 1.

Si le Psaume est le prêche du fidèle, le fidèle doit articuler en chantant, c'est-à-dire en prêchant. Or. ici ma découverte a été que, aujourd'hui, dans nos temples, l'articulation est généralement déplorable ; les paroles sont le plus souvent inintelligibles pour un auditeur qui ne les sait pas par cœur, ou qui n'a pas son Psautier sous les yeux.

Je me suis trouvé, dans un temple, assis au parquet, où trois Anciens chantaient à pleine voix (ce qui me fit grand plaisir) les chants spontanés. Mais ce n'étaient pas les chants spontanés de mon Eglise habituelle, et, malgré toute mon attention, je ne pus comprendre un traître mot de ce qui était chanté.

Autre expérience, très souvent répétée. Le pasteur indique des versets qui ne se suivent pas. J'oublie le numéro d'un verset indiqué. Je prête l'oreille avec tout l'effort dont je suis capable, je guette un mot, qui me permette de m'y retrouver, et plus d'une fois le chant s'achève avant que je me retrouve. Impossible de comprendre.

Le chant étant le prêche des fidèles, les fidèles doivent l'entendre et le comprendre. C'est parce que chaque fidèle comprend ce que chaque fidèle chante, « prêche », qu'une impression générale peut se produire, l'émotion décuplée, centuplée des foules.

2.

Mais ce qu'il faut bien remarquer aussi, c'est que l'articulation n'est pas nécessaire seulement pour ceux qui écoutent. Elle est aussi nécessaire pour ceux qui chantent. — Celui qui n'articule pas en chantant, qui se contente de fredonner, de vocaliser, de solféger ou de solfier, et laisse tomber les mots, court le plus grand danger, et plus que le danger, d'être distrait, de penser à autre chose. Ce n'est pas seulement le mot qui devient indistinct pour les autres, c'est le sens du mot qui devient vague pour lui [1].

---

1. Un pieux chrétien m'avouait que, quelquefois, en priant,

Au contraire, il est impossible de bien articuler une syllabe, un mot, sans penser à ce que signifie ce mot, cette syllabe. Bien articuler un mot, c'est de toute nécessité penser à ce mot. Plus on l'articule, plus on y pense. Un chant mal articulé est inévitablement un chant froid, insignifiant ; un chant bien articulé ne peut pas ne pas être un chant ému et émouvant.

3.

Nous concéderons volontiers que la mauvaise articulation n'est un défaut ni spécialement moderne, ni spécialement protestant.

Voici comment s'exprimait Alexis de Garaudé, dans ses *52 études ou exercices de prononciation et d'articulation dans le chant français, dédié à M. Aubert, directeur de la musique du Roi*, s. d. (p. 5) : « De tous les défauts qu'on reproche aux chanteurs le plus saillant aux oreilles du public est que les paroles que l'on chante au théâtre ou dans les concerts, *sont rarement comprises ;* et, aux personnes mécontentes d'entendre chanter en Italien, on pourrait leur répondre : « Comprenez-vous beaucoup mieux, quand vous assistez à nos opéras français et à nos concerts ? ».

Voici deux autres opinions particulièrement dignes d'être notées.

En tête de la *Paraphrase des Psaumes* (1676) de l'évêque Godeau, nous lisons : « Il est bien nécessaire de prononcer distinctement les paroles, en donnant aux cinq voyelles leur juste et naturelle pro-

---

il s'apercevait que sa pensée devenait distraite. Alors vite, pour rentrer en pleine possession de lui-même, il articulait les mots de sa prière.

nonciation. En quoi, il se fait une faute, *trop ordinaire, et qui est peut-être une des plus grandes, qui se puissent commettre dans le chant* » [1].

Il est vraiment regrettable qu'aucun de nos *Psaumes et Cantiques* n'ait eu l'idée de nous donner un conseil semblable à celui du Maître de musique de la Chapelle du Roi, chanoine de la Sainte-Chapelle de Paris et compositeur aux gages de l'évêque Godeau. Nous nous permettons d'adresser un vœu à notre Synode national. Il n'est jamais trop tard, ni même trop tôt, pour bien faire.

Et enfin plus récemment la célèbre chanteuse, Lilli Lehmann, commence le volume qu'elle appelle *Mon art du Chant*, publié en 1922, par cette déclaration : « Il faut *commencer* par acquérir la prononciation nette et souple de toutes les lettres, des consonnes surtout, et ne se lancer dans les exercices pratiques, c'est-à-dire dans le chant d'un morceau, qu'une fois cette préparation acquise » [2].

**4.**

La question se pose donc : Que faire pour bien articuler ?

Je demandais, un jour, à quelqu'un qui faisait partie d'un *chœur*, pour me servir d'un mot, qui ne me plaît guère (tellement il a un arrière-son, et un arrière-sens catholiques), « comment faut-il faire pour bien articuler ? ». Il me répondit très vite : « Il

---

1. *Paraphrase des Psaumes de David,* par Antoine GODEAU, évêque de Grasse et de Vence, dernière édition, à Paris, 1676, les chants revus et corrigés par M. Thomas GOBERT, prêtre, ancien maître de musique de la chapelle du roi, et chanoine de la sainte chapelle de Paris. « L'imprimeur au lecteur ».
2. Lilli LEHMANN : *Mon art du Chant,* 1922, p. 7.

faut bien ouvrir la bouche ». A quoi je me hâtai de répliquer, non moins vite : « Oui, mais à condition de la bien fermer aussi ; faute de quoi, on risque de laisser tomber les syllabes et les notes, et d'imiter les enfants, quand ils bavent »[1].

Voici comment s'exprime Lilli Lehmann, dont nous venons de parler : « Grâce au jeu bien contrôlé des lèvres, *qui s'ouvrent ou se ferment,* plus ou moins, en diverses positions, chaque voyelle, chaque parole, chaque son, réalisera des miracles de coloration, et semblera prendre vie »[2].

C'est du reste ce que dit Faure, dans son Traité, fort connu, sur *La voix et le chant.* A propos des « voyelles fermées », c'est-à-dire prononcées en fermant la bouche, il s'exprime ainsi : « Les voyelles fermées, les *i,* les *é,* les *u* offrent toujours plus de solidité au son que les voyelles ouvertes. Ceux qui les ont abordées franchement au début des études, loin de les éviter, ont pour elles une sorte de prédilection, à cause de leur appui, de leur sécurité, de la propriété qu'elles ont de s'opposer à la déperdition du souffle »[3].

*<br>* *

Alors on demandera peut-être : Existe-il des moyens pratiques, faciles et sûrs, pour assouplir les muscles de la mâchoire, des lèvres, des joues, et de la langue, c'est-à-dire pour arriver à bien articuler ? Je réponds : il en existe au moins deux.

Il y a d'abord le vieux moyen de Démosthène.

---

1. On lit dans A. MARMONTEL : *La première année de musique :* « Pour émettre franchement les sons, il faut tenir la bouche bien ouverte ».
2. Lilli LEHMANN, p. 48.
3. S. FAURE, *La voix et le chant,* p. 88.

Comme chacun le sait, avant de prononcer ses immortels discours, le grand orateur Athénien mettait des cailloux dans sa bouche et parlait, en se promenant sur le rivage de la mer, et en essayant de dominer, par une articulation extraordinairement nette, le bruit des vagues et du vent. A défaut des illustres petites pierres, on peut se contenter de mettre dans la bouche des petites boules de caoutchouc, faites pour cet usage, et recommandées par les professeurs de diction. Et enfin, à défaut des boules de caoutchouc, on peut se contenter des vulgaires noisettes, dont je me suis le plus souvent contenté : 8, 10, 12, entre les gencives et les joues. Puis, il n'y a qu'à parler bas, très bas, mais si distinctement que l'on soit bien compris par un auditeur placé à 3 ou 4 pas. Cela exige un certain nombre d'efforts, de grimaces, de contorsions plus ou moins pénibles ; mais peu à peu, pas en un jour, tous les muscles de la face et de la bouche se distendent, s'assouplissent, cessent leur obstinée résistance, et l'on finit par prononcer exactement, très bien, sans peine, sans y penser.

On peut toutefois, employer un second moyen, celui que conseille Faure : « Ceux, dit-il, dont l'articulation manque de vigueur et de netteté pourront recourir à un moyen, que j'ai toujours employé avec succès, et qui consiste à faire chanter un morceau, *les dents serrées*, en s'efforçant d'articuler et de se faire entendre distinctement. L'obstacle, qu'on y rencontre, oblige les muscles des lèvres et de la langue à des efforts, qui développent leur vigueur et leur agilité. On trouvera ensuite une facilité plus grande pour prononcer et articuler nettement »[1].

---

[1]. *La voix et le chant*, p 212.

# V

# L'unisson

Le principe auquel nous sommes arrivés : « le Psaume est le prêche du fidèle », va encore nous faciliter la solution d'une question, estimée par certains très difficile : faut-il chanter nos Psaumes à l'unisson, ou à plusieurs parties ? [1]

Laissons de côté les discussions techniques, et restons sur le terrain des faits et de l'expérience.

### I.

D'abord l'unisson est notre tradition depuis toujours, d'après quelqu'un qui n'est autre que... Goudimel, Goudimel lui-même, le grand compositeur de nos Psaumes à plusieurs parties. Quand il eut composé ses célèbres harmonies, en les publiant, il eût bien soin d'écrire qu'il n'entendait pas les introduire dans le culte. Voici ses propres paroles : « Nous avons ajouté au chant des Psaumes, en ce petit volume, trois parties, *non pas pour induire à les chanter en l'Eglise, mais pour se réjouir particulièrement* (en particulier) dans les maisons. Ce qui ne doit pas être trouvé mauvais, d'autant que *le chant, dont on use en l'Eglise, demeure en son entier,* comme s'il était seul » [2]. On ne saurait prendre plus de pré-

---

1. *Voir note documentaire III*
2. Voir F. BOVET, p. 66.

cautions. *Goudimel ne veut pas que l'on chante ses harmonies dans le culte public.*

2.

De Goudimel passons à J.-J. Rousseau, grand amateur de l'harmonie, et que personne, sans doute, n'accusera d'obéir à des préjugés ultra-calvinistes. « Lorsque j'entends, dit-il, chanter nos Psaumes à quatre parties, je commence toujours par être saisi, ravi de cette harmonie pleine et nerveuse, et les premiers accords, quand ils sont entonnés bien justes, m'émeuvent, jusqu'à frissonner. »

Mais il est vite lassé de ces accords. Pourquoi ? « Les beautés, dit-il, purement harmoniques sont des beautés savantes, qui ne transportent que des gens versés dans l'art ; au lieu que les véritables beautés de la musique, étant de la nature, sont et doivent être également sensibles à tous les hommes, savants et ignorants »[1].

Nous notons ici une rencontre assez curieuse entre J.-J. Rousseau et l'auteur du *Psaume sous les Etoiles*. P. Devoluy a bien voulu m'écrire, le 14 novembre 1926, les lignes suivantes : « J'avoue que, passionné, pour mon compte, de musique polyphonique, je n'ai compris les scrupules[2] de Calvin, *que tout récemment*, à Paris, quand la chanterie d'Henri Expert nous donna l'admirable Psaume 69 : « Hélas ! mon Dieu je te prie, sauve-moi », d'abord à l'unisson, ensuite avec les cinq parties de Claude Le Jeune. Là, j'ai été tout à fait fixé. Autant la merveil-

---

1. ROUSSEAU : *Dictionnaire de musique*, articles « Unité des mélodies », « Harmonie ». Voir F. BOVET, p. 67, 68.
2. Voir ce que nous avons dit plus haut sur Calvin et le chant à plusieurs parties.

8

leuse polyphonie m'a enchanté par son art, autant j'ai trouvé l'unisson plus poignant, plus simplement et uniquement religieux ». J.-J. Rousseau et P. Devoluy sont étrangement d'accord dans leurs sentiments et dans leur double jugement.

L'organiste de l'Etoile, à Paris, M. Cellier, très partisan de la musique savante, des chœurs stylés, même payés, et des soli, et d'un petit orchestre, etc. a écrit : « Notre avis est que *le seul vrai chant d'assemblée possible*, pratiquement, est le chant à l'unisson. De plus, le chant à l'unisson a un primitivisme d'un caractère à lui, que je ne conseille pas d'abandonner » [1].

Mentionnons encore une série de jugements, émis par des pasteurs à la fois théoriciens et praticiens.

M. Bost, pasteur au Havre, m'écrit : « Il faut que l'assemblée chante et elle ne peut le faire qu'à l'unisson » [2]. M. Cosson, pasteur à Sedan, m'écrit : « Je crois que les Psaumes doivent toujours être exécutés à l'unisson ». M. Lethel, avocat de Seine-et-Oise, dit : « Si l'on veut obtenir que les fidèles chantent, il faudra, bon gré mal gré, revenir à l'unisson » [3]. Et enfin, M. Ver, ancien pasteur à Réalville, auteur de la *Cantilène huguenote*, etc., et directeur expérimenté de chant, dit : « Il faut n'avoir jamais dirigé un chœur de fidèles, pour penser qu'ils peuvent chanter en parties. *Une assemblée de fidèles, capables de chanter à quatre ou trois parties, cela ne s'est jamais vu, et ne se verra jamais* » [4].

---

1. CELLIER, *Congrès du Chant Sacré* de Mazamet, 1922, p. 52.
2. Lettre du 2 février 1924.
3. Lettre du 16 février 1924.
4. *La Cantilène*, p. 122.

### 3.

Enfin il ne sera pas inutile de rapporter ici ce que F. Bovet dit du chant à plusieurs parties et de l'unisson en Allemagne. « En Allemagne, où le talent de la musique, et surtout le goût de l'harmonie, sont très répandus, *les luthériens s'accordent à reconnaître que le chant à quatre parties n'est pas celui dont on doit faire habituellement usage dans le culte*. Ils distinguent plus soigneusement que nous, entre *le chant d'Eglise, et le concert spirituel*. Dans le culte proprement dit, ils chantent des cantiques à l'unisson, et de la sorte, la musique, loin de distraire des paroles, et d'en prendre pour ainsi dire la place, ne fait que leur donner des ailes »[1].

Ce fait significatif est souligné par M. Schneider, l'organiste de La Chaux-de-Fonds. Parlant du chant luthérien, il s'exprime ainsi : « Au peuple, la mélodie à l'unisson ; aux vrais talents, aux bonnes volontés, les formes plus compliquées de la polyphonie »[2].

### 4.

Alors avec quelle stupéfaction ne voit-on pas le très savant auteur de *Clément Marot et le Psautier huguenot*, O. Douen, pousser le fanatisme anticalviniste jusqu'à déclarer l'unisson impossible ! Il dit : « Tout le monde ne peut chanter les mêmes parties. C'est une *nécessité indispensable* d'écrire le

---

1. F. BOVET, p. 67. — Voir ce que nous avons dit plus haut du choral.
2. *La crise hymnologique*, dans *l'Action protestante*, Cahiers de *La Cause*, 15 janv. 1927, p. 29.

chant d'Eglise à plusieurs parties. *La nature le veut et l'ordonne* » [1].

Ce qui est plus étonnant encore, c'est que le dernier grand recueil de Psaumes et Cantiques, le recueil Laufer, à Lausanne, s'appuyant sur les affirmations de O. Douen, déclare que « sans *exclure* » (!) du culte réformé les chants à l'unisson, il faut ne les y faire « figurer qu'à titre d'exception », car « ils violentent les conditions imposées par la nature », et « ils ont en outre le tort d'être *inexécutables* dans l'immense majorité des lieux de culte, privés des grandes orgues, *indispensables* à leur effet » [2]. Ce qui prouve par A + B que Goudimel, Rousseau, P. Devoluy et les autres n'ont pas bien su ce qu'ils disaient, et qu'on n'a jamais chanté de Psaumes à l'unisson (parce que la nature l'interdit), ni à Genève du temps de Calvin et de Bourgeois, ni au Désert dans les Cévennes, ni en plein air, ni dans aucun village, (faute des grandes orgues indispensables) [3].

5.

A cet axiome : l'unisson est contre nature, opposons encore la page de J.-J. Rousseau, dans son *Dictionnaire de Musique,* article « Harmonie ».

---

1. O. Douen, *Encyclopédie Lichtenberger,* vol. III, article « Le chant d'Eglise », p. 49, 50, 51. — Le fougueux disciple d'O. Douen, le pasteur Henry a dit : « Malgré Calvin, il faut renoncer à l'unisson. » *Le chant sacré,* petite brochure publiée à Nîmes, Chastanié, éditeur, 1913.

2. Préface des *Psaumes et Cantiques,* 1925, p. xix. Cette préface est signée : « Pour la Commission du recueil Laufer, le président : Gabriel Chamorel ».

3. M. Schneider rappelle que les orgues ne faisaient pas partie du « Credo hymnologique » de Calvin. Ce qui n'empêche pas les Psaumes, à l'unisson, et sans orgues, d'avoir été le prodige qu'ils ont été.

« Quand on songe que de tous les peuples de la terre qui tous ont une musique et un chant, les Européens sont les seuls, qui ont une « harmonie », des accords, et qui trouvent ce mélange agréable ; — quand on songe que le monde a duré tant de siècles sans que de toutes les nations, qui ont cultivé les beaux-arts, aucune ait connu cette « harmonie »; — qu'aucun animal, qu'aucun oiseau, qu'aucun être dans la nature ne produit d'autre accord que l'unisson, ni d'autre musique que la mélodie ; — que les langues orientales si sonores, si musicales, que les oreilles grecques si délicates, si sensibles, exercées avec tant d'art, n'ont jamais guidé ces peuples voluptueux et passionnés vers notre « harmonie »; que sans elle leur musique avait des effets si prodigieux, qu'avec elle la notre en a de si faibles ; — qu'enfin il était réservé à des peuples du Nord, dont les organes, durs et grossiers, sont plus touchés de l'éclat et du bruit des voix, que de la douceur des accents et de la mélodie des inflexions, de faire cette grande découverte et de la donner pour principe à toutes les règles de l'art ; — quand, dis-je, on fait attention à tout cela, il est bien difficile de ne pas soupçonner que toute notre « harmonie » n'est qu'une invention gothique et barbare, dont nous ne nous fussions jamais avisés, si nous eussions été plus sensibles aux véritables beautés de l'art *et de la musique vraiment naturelle* (Prière de relire ce qui a été dit plus haut, p. 20-22). Est-il impossible d'imaginer un démenti

---

1. En un sens, *mélodie et unisson* sont des termes synonymes, et ce qui est dit de la mélodie est dit de l'unisson. « La mélodie, c'est une suite de sons entendus successivement ». Donc on n'en entend qu'un à la fois : Unisson. « L'harmonie est un ensemble de sons entendus simultanément ». *Solfège populaire* d'Ernest Van de Velde.

plus brutal, et plus autorisé au fameux axiome
de O. Douen et de ses disciples : L'unisson est interdit par la nature, que ce démenti de J.-J. Rousseau, dit le grand philosophe de la nature ?


6.


Seulement ne nous y méprenons pas. Ceux qui
parlent d'unisson depuis le XVIe siècle jusqu'à aujourd'hui, ne parlent pas de l'unisson froid de quelques voix isolées, tremblotantes, perdues dans une
assemblée silencieuse, si ce n'est dans un temple
vide. Ils parlent de l'unisson de toute une assemblée, où de nombreuses voix d'hommes, de femmes,
d'enfants, mêlent leurs timbres divers dans une harmonie riche, puissante, vivante, l'harmonie dont
parlait notre vieux docteur du XVIIe siècle, Amyraut :
« Du mélange de tant de voix, se forme je ne sais
quelle harmonie, dont le seul son a quelquefois ravi
les passants »; c'est l'harmonie dont parle déjà Calvin lui-même, dans un passage, ignoré, me semble-
t-il : « On pourra bien chanter à une voix (c'est-à-
dire à une personne seule), mais nous n'aurons point
une mélodie parfaite, sinon qu'il y ait plusieurs voix
et bien correspondantes »[1].

Et je termine ce chapitre par le bel éloge que
Douen (qui n'en est pas à une contradiction près)
adresse, précisément sur ce sujet, à Calvin : « Calvin, dit-il, voulait l'unisson, mais non pas l'unisson cahoteux, faux, pitoyable des Eglises, où l'on
prétend chanter sans s'être jamais occupé de musique, et moins encore l'unisson maigre et presque

---

1. Voir *Jean Calvin*, p. 520, n° 1.

scandaleux des huit ou dix voix d'une Eglise de ville. *Calvin voulait que tous chantâssent et chantâssent bien* » [1].

Parfait !

## VI

# Le renouveau du chant protestant et les deux Ecoles

Le Psaume chanté beaucoup plus vite, le Psaume avec ses syncopes, le Psaume nettement articulé, le Psaume prêche du fidèle et par conséquent à l'unisson, voilà bien les éléments essentiels d'une bonne *Exécution* de nos vrais Psaumes. Et même nous avons déjà franchi la limite qui sépare l'*Exécution,* de l'*Expression* (pour répéter les termes plus ou moins exacts, dont nous nous sommes servis).

Mais avant d'aborder notre seconde partie, nous croyons nécessaire, pour mieux préciser, de parler des deux écoles, qui s'occupent, en ce moment, du *renouveau* du chant des Psaumes, et de notre chant sacré. Car évidemment, aujourd'hui, il y a un *renouveau* et nous nous en réjouissons ; mais évidemment aussi, il y a deux Ecoles, qui travaillent à ce renouveau dans un esprit différent, et nous nous en inquiétons.

I.

Commençons par bien dissiper une équivoque, qui risque d'obscurcir dangereusement toute la ques-

---

1. Encyclopédie Lichtenberger, *Chant d'Eglise,* III, p. 51

tion. Entre l'Ecole, que nous appellerons calviniste, et la nouvelle Ecole de chant, ce qui est en débat ce n'est pas la valeur, ni l'importance de la musique.

Personne n'a attribué à la musique plus d'importance que Calvin ; il faut le répéter jusqu'à ce qu'on veuille bien le savoir. Calvin a déclaré la musique « le premier ou le principal... don de Dieu, pour *récréer* l'homme et lui donner *volupté* » ; et encore : « Rien ne peut tourner et fléchir les mœurs des hommes, comme la musique » ; et encore : « La musique a une vertu secrète et quasi incrédible pour émouvoir les cœurs », etc., etc...

Seulement Calvin a refusé de séparer les *sentiments,* provoqués par les notes du chant, et les *idées* exprimées par les paroles chantées. Il faut « que le cœur soit droitement touché, et l'entendement illuminé » ; et encore : « Le propre de l'homme, c'est de chanter, sachant ce qu'il dit. Après l'intelligence doit suivre le cœur » ; et encore : « Il ne faut pas qu'il y ait seulement spectacle (des yeux ou des oreilles) extérieur, mais que la doctrine soit conjointe pour en donner l'intelligence » ; et encore : « C'est une pure *battelerie* d'amuser le peuple par signes (ou sons) dont la signification ne lui est point exposée, etc., etc. » Il faudrait citer toute la fameuse préface de 1545.

Ainsi le créateur de notre Psautier veut que tous les fidèles chantent et chantent bien. Mais il veut plus encore, il veut qu'ils chantent *tout entiers,* dirais-je ; pas seulement avec leur bouche, mais avec leur cœur ; et pas seulement avec leur bouche et leur cœur, mais avec leur intelligence.

Cette affirmation du rapport intime, et sensible pour tous, entre le cœur et l'intelligence, dans le chant, est l'idée caractéristique, l'essence de la conception hymnologique du Calvinisme, et ce n'est personne autre que le plus grand adversaire de Calvin, O Douen, qui lui attribue le mérite et la gloire de l'avoir découverte.

« La découverte de ce rapport, dit-il, est une des grandes conquêtes de la Réforme ». Ainsi « la Réforme a puissamment contribué à l'avènement de la musique moderne »[1].

Ainsi il n'y a aucun déshonneur, même musical, à maintenir le principe de l'Ecole calviniste, ou d'y revenir. Et quiconque s'écarte de cette école et de son principe, compromet le chant de nos Psaumes, compromet notre culte, et notre Réforme elle-même.


## 2.

Quand nous parlons d'une nouvelle Ecole, nous n'entendons pas une Ecole avec un programme fixe, précis, accepté et pratiqué par tous. Non certes. Dans cette Ecole, il y a des membres inconscients, et qui seraient bien étonnés d'apprendre qu'ils en font partie; et des membres conscients. Il y a des tendances vagues, irraisonnées, qui chez d'autres se précisent et finissent par aboutir à des doctrines fixées, et à des cultes complètement transformés.

Le trait commun à tous ces groupes de la nouvelle Ecole, c'est la réduction de la parole, du prêche et l'augmentation du rôle de la musique; ce qui peut s'exprimer aussi de cette façon : c'est la réduction du rôle de l'idée et l'augmentation du rôle du sentiment. Finalement la nouvelle Ecole musicale aboutit à la nouvelle école théologique, à moins qu'il

---

1. O. Douen ne peut s'empêcher d'ajouter cette petite restriction : « Et particulièrement de Bourgeois ». Mais ayant sous les yeux les textes de Calvin, le lecteur sait ce qu'il doit penser. O. DOUEN : *Encyclopédie*, III, p. 58.

ne soit beaucoup plus exact de dire qu'elle en procède. Ce qui est naturel. Au fond il y a là une question de théologie, la grande question actuelle du
rôle de l'idée, de la doctrine dans la foi.

### 3.

Parmi les tendances qui aboutissent à la nouvelle
Ecole, il faut, ce nous semble, placer les désirs de
cultes purement liturgiques, ou de pure adoration.
On en a beaucoup parlé, il y a quelque temps.

Voici un premier texte qui mérite de ne pas passer inaperçu, vu le nom de son auteur.

M. Paul Passy écrit : « Aujourd'hui (où tout le
monde sait lire, et où les livres ne sont pas rares)
le sermon n'est-il pas un phénomène de survivance,
une espèce d'idole, entourée d'un respect supersti-
tieux, comme toutes les idoles ?... Si donc on estime
que le culte public est une nécessité de la vie chrétienne, il n'y a qu'une chose à faire, détrôner le
sermon... Nous allons au culte pour adorer. » Et
l'auteur demande que l'on multiplie les cultes liturgiques, les réunions de prière, les fraternités [1].

### 4.

Le mot qui revient le plus souvent, et de plus
en plus, c'est celui d'*adoration*. Malheureusement,
il est très difficile de savoir ce qu'il signifie. Tantôt
il paraît signifier l'honneur rendu à Dieu. Alors c'est
très bien. Mais qu'est-ce qui rend plus honneur à
Dieu que le culte calviniste proclamant la sainteté

---

1. Paul PASSY : « Le culte public », dans le *Christianisme
Social*, 11 fév. 1924, p. 206 et ss. La réforme de M. P. Passy
a aussi un caractère social : « C'est à l'activité des laïques,
hommes et femmes, qu'il faut faire appel. »

de la loi, l'humiliation du pécheur, expliquant le mystère du sacrifice et du pardon, disant les Psaumes du repentir ou de la joie ? — Et tantôt ce mot ne semble plus exprimer d'idée précise ; il semble indiquer un sentiment de vague recueillement, de vague méditation mystique. Comment alors est-il à sa place dans le culte public, dans la communauté des fidèles se trouvant dans les états d'âme les plus divers ?

C'est ce que me paraît avoir bien noté un pasteur, (qui cependant ne distingue pas très bien les divers sens du mot), après de nombreuses années de ministère. Il écrit : « Notre culte n'est pas avant tout un culte d'adoration, mais une école pour apprendre à adorer et à servir Dieu véritablement. L'adoration proprement dite est avant tout individuelle. Le type n'en est pas une grande assemblée remplissant une église, mais le Seigneur Jésus se retirant à l'écart pour prier Dieu. Vouloir à tout prix provoquer l'adoration collective, chaque dimanche, et à heure fixe, organiser les sentiments des auditeurs dans une série ascendante savamment agencée, c'est une vaine tentative, qui, si elle réussissait, ferait courir à la piété protestante, un grave danger. La conséquence inévitable, en effet, en serait la fausse idée de la localisation du vrai culte, qui se rendrait uniquement dans le temple, et serait limitée à une heure unique de la semaine, car on ne trouverait nulle part ailleurs les mêmes conditions combinées avec art, et celle-ci ne pourrait se reproduire hors de la présence du pasteur et de sa liturgie. Tendance catholicisante, a-t-on dit avec raison, et que réprouvent tous ceux qui sentent encore vibrer en eux la fibre huguenote »[1].

---

1. Al. GUILLOT : *Semaine religieuse,* 5 avril 1924.

## 5.

Très logiquement, dans la recherche de cette adoration, si la place de la parole devient de plus en plus petite, la place de la musique devient de plus en plus grande. Voici une franche déclaration : « Il convient de faire remarquer qu'en réduisant par trop le rôle de l'orgue, en le cantonnant dans le *seul accompagnement* des cantiques, art facile et fastidieux à la longue, on risque de détruire la signification *de la musique pure,* et de nous voir reprocher de ne pas fournir aux *artistes* chrétiens la moindre occasion de *produire l'instrument* et ses inspirations »[1]. La musique non plus comme accompagnement, mais pour celle même, en soi ; la musique pure, qui produit son instrument !... S'il s'agit d'un concert spirituel, il n'y a rien à redire. Mais dans le culte proprement dit, au milieu du culte, c'est bien la conception nettement contraire à celle du culte calviniste.

## 6.

C'est par ces divers chemins, que des pasteurs, musiciens et logiciens, en sont arrivés à constituer définitivement, en Suisse, à Genève, la nouvelle École complète.

Au nom des plus hautes autorités de la psychologie, elle fait observer que la musique endort les puissances actives de notre personnalité, qu'elle suspend la circulation normale de nos idées, que c'est une force magnétique, qu'elle substitue « *malgré nous* » la perception « d'une *réalité imaginaire* à une

---

1. Alex. CELLIER, organiste de l'Etoile, à Paris, dans le *Christianisme au XX° siècle*, 22 juillet 1926.

réalité objective », qu'elle produit une sorte d' « *hypnose* », une sorte « *d'envoûtement* » ; et c'est à cette musique, que cette École attribue le rôle principal dans le culte.

A côté de cet élément émotionnel, émotif, sensitif, sensoriel, mystique, que devient l'élément intellectuel, de connaissance, d'instruction ?[1]

Ah ! la prédication devient gênante. On a beau distinguer entre la prédication-prière, la prédication prophétique, et l'autre ; on a beau réduire la prédication à un quart d'heure ; ce n'est pas suffisant. Il faut instituer deux sortes de cultes, dont l'un sans prédication, où l'organiste semble suffire et remplacer le pasteur.

En conséquence, je cite toujours, il convient de rompre avec nos traditions. Calvin a mis la prédication au centre du culte. Il s'est trompé. Il a mêlé deux genres de culte : « *le culte en vérité* » et le « culte en esprit ».

7.

J'ouvre ici une parenthèse pour dissiper, si c'est possible, une équivoque. Calvin, dit-on, a mis la prédication au centre du culte. Oui et non. La prédication, pour Calvin, n'était pas notre sermon moderne, c'était simplement l'explication, verset par verset, et mot par mot, de la parole de Dieu.

Voici, par exemple, ce que raconte de Félice dans ses *Protestants d'autrefois*[2] : « Nos anciens pasteurs devaient exposer un livre de la Bible, à leur choix, mais tout entier. Aussi leur texte est-il, en général, une péricope, et non pas un simple verset, ou même

---

1. Voir *Note Documentaire IV*.
2. Volume intitulé : « Les Temples, les services religieux, les actes pastoraux », 1896, p. 103, 104.

un simple mot. *C'est une tout autre méthode, c'est une autre conception de la prédication chrétienne.* La prédication devient bien réellement un exposé de la Bible ».

C'était à quoi veillait l'article XII du 1er chapitre de la Discipline. Il ordonnait aux pasteurs de traiter « un texte de l'Ecriture sainte, qu'ils suivront ordinairement ; et du texte ils en prendront et exposeront le plus qu'ils pourront, s'abstenant de toutes amplifications non nécessaires, de digressions longues ». Sur quoi, l'édition de la Discipline avec les *Observations* d'Huisseau et la *Conformité* de Larroque ajoute : « Cet article étant de la dernière importance, puisqu'il s'y agit de la principale fonction du ministère, les synodes l'ont aussi et plus soigneusement et plus fréquemment recommandé qu'aucun autre ». Suivent quatorze recommandations de synodes nationaux, le tout pour « laisser à l'Ecriture son autorité ».

Ainsi pas l'ombre d'une erreur possible. Ce que Calvin a voulu mettre au centre du culte, c'est la parole de Dieu, expliquée par le pasteur, et entourée des Psaumes, parole de Dieu chantée par les fidèles.

Qui dira les conséquences graves entraînées pour le protestantisme par l'abandon de ce double prêche, prêche du pasteur, prêche du fidèle ?

## 8.

Nous fermons notre parenthèse, et après avoir constaté que les théories de la nouvelle Ecole de chant ne sont que la reproduction et la combinaison des desiderata formulés de divers côtés, comme nous venons de le voir, nous achevons notre résumé des thèses de la nouvelle Ecole.

Que signifie la surprenante opposition entre « le culte en vérité » et « le culte en esprit » ?

Tout ce que l'on comprend, c'est qu'en séparant la vérité et l'esprit, nos novateurs ne font pas autre chose qu'enlever au culte protestant ce qui en faisait le caractère essentiel, le grand mérite, sa raison et sa force. — Un seul esprit : l'esprit de vérité !

C'est ce culte qui a fait le huguenot, l'homme de la vérité *et* de l'esprit, l'homme de la morale autant que de la religion, l'homme de l'individualisme autant que du socialisme, l'homme inébranlable, parce que, selon le mot de saint Paul, il *sait* ce qu'il *croit*, en qui il croit.

Encore une fois la nouvelle Ecole de chant, c'est la nouvelle école de la théologie.

*<br>* *

Poussée par une logique de plus en plus violente, la nouvelle Ecole de chant s'achemine peu à peu, ou d'un bond, vers le culte de « l'hypnose », de « l'envoûtement » ; ce sont les mots employés, derniers mots du mysticisme rationaliste.

Nous voici aux émotions « sensorielles », et au centre du culte, où, au lieu de la prédication de *la Parole,* il finit par y avoir, ce qui est appelé « le *mystère du silence* »[1].

Et cette Ecole ne s'aperçoit pas qu'en ouvrant ainsi toutes les voies à l'imagination, à la sensation, à l'émotivité plus ou moins artistique, on conduit, même malgré soi, les âmes aux émotions des cathédrales, aux mystères des rites, magnifiques et catholiques.

Ce renouveau du chant sacré protestant serait la fin du chant sacré et du protestantisme calvinistes, du vrai Psaume et du vrai protestantisme huguenot.

---

1. Voir *Note documentaire IV.*

On en arrive à une annonce comme celle-ci : « Le *culte* sans prédication, de Plainpalais (à Genève), aura lieu demain, à 8 h. 15. Sujet : « Prières ». Soliste : Madame X..., *cantatrice.* » (*Semaine religieuse,* la feuille de l'Eglise protestante, mars 1928).

Le prédicateur est remplacé par une cantatrice. Un concert spirituel, soit. Mais un culte protestant dans la cité de Calvin ? Non.

## 9.

En nous plaçant au point de vue strictement musical, voici le jugement de quelqu'un, qui n'est ni catholique, ni protestant. Ce jugement nous servira de résumé.

Dans sa grande *Histoire de la musique*, M. Combarieu cite avec éloges « les magnifiques paroles, dit-il, de Calvin dans la préface du Psautier ». Il reconnaît que cette musique est « *sainte* » et « *pure* », et « *populaire, et réglée à l'édification* », qu'elle a cependant « *une simplicité expressive et une sorte de grandeur dans l'austérité* ». Il n'en conclut pas moins : « *Malheureusement cette musique, parfaite pour un chrétien, est insuffisante pour un artiste.* »

Parfaite pour un chrétien, insuffisante pour un artiste. Nous demandons la permision de nous contenter de la musique « parfaite pour un chrétien ».

---

1. J. COMBARIEU, chargé du cours de l'Histoire de la musique au Collège de France : *Histoire de la Musique,* 1913. tome I, p. 532.

# NOTES DOCUMENTAIRES

## Note I
*(page 82)*

## Mon enquête

*Ouvrages :*

*Calvini Opera.* (Voir mes études : *Le culte réformé,*
1899 ; *L'art et le sentiment,* 1902 ; *Jean Calvin,* les
hommes et les choses de son temps) ;

Félix Bovet : *Le Psautier huguenot,* 1872 ;

O. Douen : *Clément Marot et le Psautier huguenot* (1<sup>er</sup> vol. 1878, 2<sup>e</sup> vol. 1879) ;

*Soixante Psautiers* différents : 28 datant de 1563 à
1793, et 30 datant de 1808 à 1879.

** **

*Etudes, Conférences, Articles,* etc. :

Cellier, organiste à l'Etoile (Paris) ; Monastier-
Schroeder, professeur d'hymnologie à Lausanne ;
Schneider, organiste à La Chaux-de-Fonds ; Devoluy ; Lethel (dans le *Chant Sacré* de Mazamet) ; Ver,
pasteur, *La Cantilène huguenote* ; *Le Psautier harmonisé* ; Ecklin, pasteur au Locle (Suisse) : *Quel-*

ques notes sur *l'hymnologie protestante ;* Faller, musicien, au Locle : *Le Psaume ;* Platzoff : *Le Psautier Laufer ;* Robert Will, professeur à la Faculté de Théologie Protestante de Strasbourg : *Le Culte mystique, Le Culte ;* Bonifas : *La musique et le culte protestant* (Thèse dactylographiée, Genève) ;

Compte-rendu de dix leçons sur *La Liturgie protestante et la musique,* données au Conservatoire de musique de Genève, par MM. Bonifas, Will, Faller, Dom Sodar (dans le *Journal religieux de la Suisse romande* du 12 février au 16 avril 1927)...

*<br>* *

*Correspondance :*

Lettres de madame Tournier, professeur de chant à Toulouse ; de madame Garimond, Lézan (Gard) ; de MM. les pasteurs : Ch. Bost (Le Havre), N. Weiss, bibliothécaire de la Société du Protestantisme français, Cosson (Sedan), Diény (Quiévry), Hayn (Gard), Larroche (Nîmes), Wavre (Fay-sur-Lignon, Haute-Loire), de MM. Bouvier, ingénieur (Mulhouse), Bach, organiste (Nyon, Suisse), Devoluy, Expert, professeur au Conservatoire de Paris, Lethel, avocat (Seine-et-Oise)...

*<br>* *

*Conversations :*

Pendant quatre ans, j'ai profité de mes voyages pour m'entretenir du chant des Psaumes avec les personnes de qui je pensais obtenir le moindre renseignement. C'est ainsi que j'ai eu une très utile conversation à Lausanne avec M. Monastier-Schroeder ; à Genève, avec M. Barblan, le distingué organiste de Saint-Pierre... J'ai assisté à plusieurs répétitions de chant de Psaumes, pendant lesquelles il m'a été donné de faire de très utiles expériences.

*
* *

*Ouvrages scientifiques non religieux :*
Combarieu ; Faure ; Lilli Lehman, Maurice Emmanuel, *Histoire de la langue musicale,* etc.

*
* *

Cette énumération n'est pas complète.

NOTE **II**

*(page 93)*

# De la durée des notes

En voyant dans tel Psautier des rondes et des blanches, et dans tel autre des noires et des croches, on peut être tenté de penser que les premières mélodies sont nécessairement lentes, et les seconds nécessairement rapides. C'est une erreur. Une note n'a pas de durée en elle-même, et tout dépend de la valeur métronomique attribuée conventionnellement à la note, qui est prise comme unité de mesure : Que cette note soit une ronde, une blanche, une noire ou une croche, peu importe. Le Recueil Laufer dit : « Laufer a mis en noires et en croches ce qu'ailleurs on met en blanches et noires. Cette notation ne préjuge point la question du mouvement ; car l'allure d'un air ne dépend pas de l'espèce de notes employées à l'écrire. Celles-ci n'ont aucune durée propre ; la valeur des signes musicaux est toute relative. Mais avec tel signe, la lecture se fait plus aisément qu'avec tel autre, nul oculiste ne l'ignore, et un Bach, un Haydn, un Mozart, un Beethoven, écrivent leurs mouvements lents en doubles croches, pour diminuer le nombre des batons, et laisser voir d'un coup d'œil l'ensemble de la phrase » (Laufer, p. XXIV).

Note **III**

*(page 108)*

## Le chant des Psaumes à l'unisson

I.

*L'Unisson est-il possible*

Le Recueil Laufer s'approprie et reproduit les explications de O. Douen, démontrant que la *nature* interdit le chant à l'unisson. Ces lignes sont donc le vrai manifeste des adversaires de l'unisson. Il vaut la peine de les reproduire.

« Il n'y a que huit notes, et même, pour les chanteurs non exercés, il n'y a que sept notes communes aux voix graves et aux voix aiguës.

« En dehors de ces notes, l'unisson est impossible, et il n'existe que bien peu de morceaux qui ne dépassent pas cette échelle. C'est évidemment là une des causes qui empêchent un grand nombre de gens de chanter dans les Eglises, où l'on ne chante pas en parties. Une basse, qui ne veut pas se déchirer le larynx, se taira... Dira-t-on qu'il faut baisser le ton ?

Mais alors comment chanteront les soprano ? Au lieu de forcer les voix de toute espèce à sortir de leur diapason, rendez à chacun son domaine ; que les voix de femmes et d'enfants fassent les dessus et les voix d'hommes les dessous ; tout rentre dans l'ordre. » (O. Douen, reproduit par le Recueil Laufer, Préface p. XIV, note 1).

*<br>* *

Nous nous garderons d'entrer dans une discussion technique, qui n'est pas de notre compétence. Il nous suffit de répéter notre éternel argument. Les Psaumes ont été chantés à l'unisson par des millions d'hommes, magnifiquement, admirablement, merveilleusement, et ils sont encore chantés aujourd'hui par des milliers et des milliers.

*<br>* *

Nous nous bornerons à ajouter que des théoriciens fort distingués et des praticiens éminents, infligent les démentis les plus nets aux affirmations de O. Douen et du Recueil Laufer.

M. Ver, théoricien et praticien exercé, écrit : « On transporte les mélodies sur un ton moyen. *Il est rare qu'une voix, même une voix de basse-taille, ne puisse pas moduler sur une gamme de moyenne graduation* » (*La Cantilène,* p. 208 et 123). — M. Cosson, compositeur et directeur de chant : « Il faut ajouter que cet unisson est d'autant plus réalisable que les Psaumes, dont l'étendue dépasse un octave, *sont rares* ». — Et M. Dieny, qui a si bien réussi à faire chanter à l'unisson, régulièrement, tout son auditoire dominical de 400 ou 500 personnes : « *L'expérience* me semble prouver que, dans les tons où figurent nos Psaumes en notre recueil, l'étendue de l'écart entre la note la plus grave et la note la plus aiguë *ne dé-passe pas le registre* où peuvent se mouvoir, chacune à l'octave qui lui est propre, la voix masculine et la voix féminine, *à de très rares exceptions près,* pour quelques voix ».

Non moins direct est le démenti à l'affirmation que l'unisson est cause du silence gardé par les fidèles. M. Lethel, dans son article sur « la décadence du chant sacré » (*Action missionnaire,* nov. 1925), montre le contraire : « Nous avons substitué à l'unisson, qui était la règle en France, au XVIe et XVIIe siècles, un chant à quatre parties, pour voix de *soprano, alto, ténor* et *basse.* Mais où trouver une assemblée de fidèles capables de chanter les parties d'accompagnement, *alto, ténor* et *basse ?* La mélodie, dont certaines notes sont trop hautes pour les voix d'hommes, se trouve ainsi réservée en fait aux femmes, et *il est inutile d'aller chercher plus loin la raison des habitudes abstentionnistes, au point de vue du chant, prises par l'élément masculin, dans la généralité de nos Eglises* »; sans parler de ce dont nous parlons ailleurs, que le chant à quatre parties, finalement confié à un chœur, dans certaines Eglises du Nord et du Midi, a réduit toute l'assemblée au silence.

**2.**

*Calvin et l'unisson*

Toute la campagne contre l'unisson remonte à O. Douen (comme nous venons de le voir), et toute l'opposition de O. Douen à l'unisson remonte au fanatisme de O. Douen contre Calvin.

O Douen dit, dans l'*Encyclopédie des sciences religieuses,* III, 1877, p. 57 : « Bourgeois, rebuté par *l'aversion* de Calvin pour le chant à plusieurs parties... », et p. 51 : « Une aversion qui n'a peut-être pas été moins nuisible à la Réforme, que le supplice de Servet » (Rien que ça !); dans le *Bulletin du Protestantisme français*, XXVIII, 1879, p. 210 : « Rebuté par *l'aversion* de Calvin pour la musique à plusieurs parties, Bourgeois... »; dans *Clément Marot et le Psautier huguenot*, 1879, p. 9 : « Souffrant de la pauvreté, non moins que de *l'aversion* de Calvin pour l'harmonie... »; dans *La France protestante*, 2ᵉ éd., II, 1879, article « Bourgeois », p. 1124...

Ce nouveau récit des rapports de Calvin et de Bourgeois vaut les récits que nous avons cités. Il n'y a pas un mot d'exact... Laissons-le et bornons-nous à voir ce que Calvin pensait de l'unisson.

*<br>* *

Dans son *Institution Chrétienne*, Calvin explique : « Il faut toujours donner garde que les oreilles ne soient plus attentives à l'harmonie du chant, que les esprits au sens spirituel des paroles ». Ce qui me paraît être parfaitement incontestable. Calvin poursuit : « Quand donc on usera de cette modération, il n'y a nul doute que ce ne soit une façon très sainte et utile, comme, au contraire, les chants et les mélodies, qui sont composés *au plaisir des oreilles seulement* (il ne faut pas oublier ce « *seulement* ») ne conviennent nullement à la majesté de l'Eglise, et ne se peut faire qu'ils ne déplaisent grandement à Dieu »[1]. Et cela encore me paraît être parfaitement incontestable.

---

[1]. Le fougueux disciple de O. Douen, le pasteur Henry (o. c) dit : « Il ne peut se faire qu'ils ne déplaisent grandement à Dieu. C'est trop évident, puisqu'ils déplaisent grandement à Calvin, seul interprète dûment autorisé du Conseil du Très-Haut ».

Mais voici : On prétend que, spécifiant les chants qui déplaisent grandement à Dieu, Calvin avait ajouté : « *Comme sont tous les fringots et fredons de la papisterie, et tout ce qu'ils appellent musique rompue, et chose faite* [1], *et chants à quatre parties* ».

Et voilà *l'aversion* de Calvin pour les Psaumes à quatre parties.

*<br>* *

Malheureusement pour toute cette belle indignation, il se trouve que la phrase incriminée n'est pas authentique. Elle ne se trouve pas dans le texte latin de l'*Institution de* 1559, qui seule fait autorité ; elle ne se trouve que dans la traduction française de 1560, traduction qui n'est pas de Calvin, que Calvin n'a pas revue, car elle contient des erreurs de tout genre et même des contre-sens formels. Calvin ne saurait en être rendu responsable. Et cela peut suffire pour trancher la question [2].

Mais on pourrait ajouter que, même s'il était authentique, le texte fameux ne signifierait pas ce qu'on lui fait signifier. Le texte, en effet, ne condamne pas du tout, *ex professo*, le chant à quatre parties [3]. Il condamne les chants composés « au plaisir des oreilles *seulement*, comme sont les fringots et fredons *de la papisterie*, qu'ils (*c'est-à-dire les papistes*) appellent musique rompue et chants à quatre parties. » Il ne s'agit donc que des abus, alors scandaleux, de la musique catholique. Rien de plus !

---

1. Th. Dufour propose de lire : *fainte* (*Revue critique*, p. III).

2. *Institution chrétienne*, Livre III, ch. XX, § 32. Th. Dufour écrit : « Voilà un détail qui a quelque importance et qui n'a pu échapper à M. Douen. Pourquoi ne l'a-t-il pas révélé à ses lecteurs ? (*Revue critique*, p. III).

3. O. Douen affirme exactement le contraire : « Calvin condamnait l'harmonie en elle-même » (*Encyclopédie des Sciences religieuses*, III, p. 51).

*
* *

Enfin on a dit et répété que d'une manière générale, si Calvin n'avait pas introduit dans le culte le chant à plusieurs parties, c'est que sa nature était antimusicale, antiartistique (Voir O. Douen, Münz, Bruetiève). Nous avons suffisamment montré que cette affirmation est une parfaite contre-vérité. Pour achever nous notons un dernier fait.

Zwingle était très musicien. Il était peut-être plus musicien encore que Luther. Car, non seulement il jouait de plusieurs instruments, et chantait beaucoup chez lui, soit seul, soit avec ses amis, mais il était capable de mettre la musique de ses propres cantiques à plusieurs parties, ce dont Luther était incapable. Or, des trois grands réformateurs, c'est lui, le plus musicien, qui a le plus radicalement exclu du culte public, non seulement le chant à plusieurs parties, *mais même le chant à l'unisson !* Il n'admettait que la parole : le peuple devait parler les Psaumes. Et c'est seulement en 1598, qu'après renouvellement de l'interdiction du chant à plusieurs parties, et des instruments, l'unisson fut admis dans le culte protestant, à Zurich. » (Riggenbach, Der *Kirchengesang in Basse*, 1672, p. 356).

Ainsi l'usage de la musique dans le culte a été réglé par nos trois réformateurs non pas selon leur goût musical, mais selon leurs principes religieux.


3.

### L'unisson, le Pré-aux-Clercs et Bourgeois

A-t-on chanté les Psaumes à quatre parties, au Pré-aux-Clercs, en 1558 ?

D'après O. Douen, le chant des Psaumes au Pré-aux-Clercs fut une manifestation artistique; ce fut l'introduction brillante, éblouissante, dans notre histoire, du chant des Psaumes à quatre parties.

Cette hypothèse — donnons-lui tout de suite son vrai nom : cette légende — a été lancée dans l'histoire par l'imagination de Michelet.

« Au mois de mars 1557, des seigneurs d'Ecosse, ceux qui depuis organisèrent le *Covenant,* étaient venus à Paris. Leurs amis naturels étaient nos Réformés. Ceux-ci les accueillirent, les régalèrent de la belle nouveauté du temps, des chants populaires héroïques, des graves harmonies fraternelles, que chantait leur Eglise, dans le secret des nuits. Nos vaillants alliés, fiers chefs de clans et rois chez eux, ne pouvaient s'astreindre au mystère. Nos nobles protestants auraient rougi d'être moins braves. Unis, et se donnant le bras les uns les autres, ils allèrent ensemble dans Paris, et se mirent à chanter. C'était dans ce mois de mars, parfois très beau ici. On se réunissait au Pré-aux-Clercs, et l'on chantait, d'abord des vœux pour le roi, pour l'armée, puis tous les nouvaux Psaumes, *les chœurs de Goudimel.* C'était la première fois que le peuple entendait *une musique à quatre parties.* Jusque-là on n'en connaissait que l'essai ridicule. La foule fut ravie ; elle se rassembla en nombre sur les hauteurs, qui dominaient le Pré-aux-Clercs, et s'unit parfois aux chanteurs. Mais cela dura peu. Le roi, à qui on alla dire que Paris était en révolte, défendit ces réunions. La ville rentra dans le silence »[1].

Dans cette très jolie description, tout est faux :

1. MICHELET, *Histoire de France,* Tome IX, Guerres de religion (édition définitive), p. 146, 147.

O. Douen reconnaît que Michelet a « *confondu les dates* » et qu'il a « *étrangement brouillé les noms* ». Ce n'est pas en 1557 qu'on chanta au Pré-aux-Clercs, mais en 1558, et on n'y chanta pas certainement les chœurs de Goudimel, puisque, d'après O. Douen, ces chœurs « ne parurent qu'en 1562 ». Mais, ajoute O. Douen, « avec sa *divination* de grand historien, Michelet nous paraît avoir rencontré le vrai »[1].

Il ne s'agit donc pas d'histoire ni documentaire, ni documentée : il s'agit de « divination », et la « divination » consisterait en ceci : non pas en mars 1557, mais en mai 1558, les protestants auraient chanté à quatre parties les Psaumes non pas de Goudimel mais de Bourgeois.

*<br>* *

Sur ce chant du Pré-aux-Clercs, nous avons un document de premier ordre, à tous les points de vue, et qui, à notre sens, est absolument décisif, et que O. Douen a ignoré. Nous voulons parler de la correspondance du pasteur Macard, du compte-rendu des événements rédigé par lui, au jour le jour pour Calvin[2].

Macard raconte que la manifestation dura cinq jours[3]. Le troisième jour, 16 mai 1558, il écrit : « Pendant trois jours, une grande (*magna*) multi-

---

1. O. DOUEN, II, p. 14 et n° 1.
2. Macard écrit à Calvin, le 16 mai, le 22 mai, et entre ces deux lettres, une troisième s'est perdue. Ces documents ont été publiés dans le tome XVII des *Opera Calvini*, paru en 1877. Le second volume de O. Douen, qui note en Appendice des documents parus en 1878, a paru en 1879.
3. « *Per quinque dies* », Opera XVII, p. 177.

tude de gens (*multitudo hominum*) de toute espèce (*omni genere*), après diner [1] s'est réuni au Pré-aux-Clercs, et, en se promenant, a chanté, d'*une seule bouche et d'une voix sonore* (*uno ore et clara voce* (*clara* signifie sonore, haute, comme nous disons : à haute et intelligible voix) jusqu'au milieu de la ville. Que pouvions-nous faire ? [2] Pouvions-nous fermer la bouche de ceux qui célébraient les louanges du Seigneur, alors surtout que la plus grande partie d'entr'eux, affluant de partout, n'a jamais assisté à nos assemblées ? [3] ».

Il serait bien bizarre que Macard eut choisi les expressions : chanter « d'une seule bouche, et à voix haute et intelligible », pour faire comprendre qu'il s'agit d'un chant à quatre parties ! Pour un chant à quatre parties, il faut au moins quatre bouches, et l'on ne peut pas dire que la voix de la basse soit particulièrement haute et sonore.

*<br>* *

Des manifestations analogues eurent lieu autre part. Voici celle du Pré-Fichault, à Bourges : « L'an 1559, depuis le commencement du mois d'avril, et tout temps d'été ensuivant, on chantait à grandes troupes tous les soirs... les psaumes de David, au lieu qu'on appelle pré Fichault ; et s'assemblaient au

---

1. Le soir (vespere) dit l'autre lettre (Ibid p. 177). C'est pourquoi la police interdit les chansons (Macard ne se sert pas du mot Psaume), et fit fermer les portes de la ville à 8 heures du soir, pour empêcher les gens de sortir sous peine de ne pouvoir rentrer. (Lettre du 22 mai, Ibd p. 177, 178).

2. On remarquera ces expressions. Comment Macard aurait-il dit qu'il ne pouvait pas arrêter la manifestation si c'était lui qui l'avait organisée pour impressionner le roi ?

3. *Opera*. XVII, p. 187.

dit lieu, tous les soirs, *du monde innombrable,* chantant en grande mélodie les dits psaumes »[1].

Il n'y a pas de raison pour supposer qu'on chantait à quatre voix à Paris, et à l'unisson à Bourges. Or à qui fera-t-on jamais croire que des chants à quatre parties, exécutés non sans peine, après plusieurs répétitions, par des chœurs exercés, ont été immédiatement retenus et chantés sans peine par une multitude de toute espèce de gens, qui ne les avaient jamais entendu chanter ? Il est en effet spécifié, pour Paris, que cette multitude n'avait jamais assisté aux assemblées protestantes, où, du reste, elle ne les aurait pas entendus davantage, puisqu'on ne chantait qu'à l'unisson. C'est donc de cet unisson que Macard parle[2].

*
* *

Un spécialiste, dont personne ne contestera ni l'indépendance ni l'érudition, M. Charles Bost, l'auteur des *Prédicants protestants,* a bien voulu nous donner son avis sur cette question. Après avoir indiqué l'impossibiltié qu'il y a pour des gens, de toute espèce, en foule, de chanter à quatre parties et l'impossibilité encore plus impossible, qu'il y a, pour eux, de s'associer à un chant à quatre parties, qu'ils entendraient pour la première fois, M. Charles Bost conclut : « Je

---

1. Manuscrit inédit de Jean Glaumeau, *Bulletin du Protestantisme,* V, p. 390.

2. On a deux autres récits de la manifestation, celui de l'*Histoire ecclésiastique* (édit. Baum et Cunitz, I, p. 167) et celui de l'*Histoire des Martyrs* (édit. de Toulouse, II, p. 586, n. 2). Ces deux récits reproduisent, sauf de légères retouches, le récit de La Roche-Chandieu : *Histoire des Martyrs de l'Eglise de Paris depuis l'an 1557 jusqu'au temps du roi Charles IX* (Lyon 1563, p. 152). Chandieu a peut-être été, lui aussi, témoin oculaire et auriculaire. Son récit n'ajoute rien d'essentiel à celui de Macard. Il dit seulement que le chant fût commencé par quelques étudiants.

n'ai jamais trouvé nulle part, au XVI° siècle, ni chez O. Douen, ni dans les Mémoires du temps (que Douen avait déjà dépouillés) une *seule mention* d'une exécution des Psaumes à quatre parties ».

*<br>* *

Ainsi le document, signé Michelet, est fantaisiste. O. Douen a ignoré, sans doute, le document exact et contemporain, signé Macard.

Mais O. Douen a cru pouvoir se servir d'un troisième document, pour démontrer la « divination » de Michelet. Et c'est sur ce troisième document que repose toute la légende, sous sa forme dernière. Il s'agit d'une page que Fétis a consacrée à Bourgeois dans sa *Biographie universelle des musiciens* [1].

« Bourgeois (Louis), né à Paris, au commencement du XVI° siècle, s'attacha à Calvin, et le suivit à Genève, lorsque le Réformateur rentra dans cette ville, en 1541. Le consistoire le choisit pour remplir les fonctions de chantre à l'Eglise de Genève ; mais n'ayant pu s'entendre, dans la suite, avec les chefs de cette Eglise sur l'usage qu'il voulait y introduire des Psaumes harmonisés à plusieurs parties, *il retourne à Paris, en* 1557. Il s'y trouvait encore en 1561. »

Vraiment O. Douen n'a pas de chance ! Il tombe de Charybde en Scylla. En effet, on peut ramener le document de Fétis à six affirmations : les cinq premières affirmations sont matériellement fausses, et la sixième est une hypothèse sans preuve.

---

1. FÉTIS : *Biographie universelle des musiciens ; 2° édition entièrement refondue et augmentée de plus de moitié*, Tome II, 1861, p. 42, 43. — Voir O. Douen, I, p. 614, 615.

1° Bourgeois ne se rattacha pas à Calvin, et ne le suivit pas à Genève. O Douen le reconnaît. Cela suffit.

2° O. Douen veut cependant maintenir la date de 1541, fournie par Fétis, et il écrit : « Il paraît que les Registres genevois s'expriment autrement : « *On fit appeler de Paris, en 1541, un musicien nommé Louis Bourgeois* ». Mais la mauvaise chance s'acharne contre O. Douen : le prétendu texte a été inventé de toutes pièces, on ne sait par qui. *Rien de pareil ne se trouve dans les Registres genevois*. Th. Dufour, le grand critique historique de Genève, qui a copié dans les Registres tous les textes, dont nous nous occupons, s'exprime ainsi : « Malgré ce qui est dit par O. Douen, on ne sait rien de positif sur la date de l'arrivée de Bourgeois à Genève. Les Registres genevois ne contiennent aucun renseignement à cet effet, et les assertions de Fétis sont donc tout à fait hypothétiques » (*Revue critique*, p. 109, n° 2). Voilà qui est péremptoire.

Les Registres du Conseil font mention de Bourgeois, pour la première fois, en 1545, le 14 juillet, lorsque le Conseil donne à G. Franc, partant pour Lausanne, deux successeurs à la fois, Fabri et Bourgeois.

3° Bourgeois, nous l'avons vu, ne quitta pas Genève à cause d'un conflit avec les chefs de l'Eglise, c'est-à-dire avec Calvin, à propos du chant des Psaumes à quatre parties. Calvin n'avait cessé de le protéger. Bourgeois quitta Genève parce qu'il fut destitué par le Conseil, irrité de ses demandes de congé réitérées.

4° Bourgeois ne quitta pas Genève en 1557. Destitué le 27 décembre 1552, il partit entre le 31 jan-

vier 1553, jour où il présente au Conseil une requête suprême et repoussée, et le 24 mars 1553,
jour où sa femme, qui veut partir, présente elle-
même une autre requête.

5° En partant de Genève, en 1553, Bourgeois alla
non à Paris, mais à Lyon. Lorsque, le 24 mars 1553,
la femme de Bourgeois demanda qu'on lui rembour-
sât les réparations faites par eux dans la maison où
ils avaient habités, le Conseil « ordonna que lui soit
fait un mandement (mandat) de 60 sols, *pour s'en
retourner à Lyon* », « où son mari l'avait sans
doute précédée », observe judicieusement T. Dufour [1].

*<br>* *

Ici trouvent place, tout naturellement, les renseignements qu'a bien voulu me fournir le très savant
bibliothécaire de la *Société du Protestantisme français*, M. N. Weiss [2].

M. Weiss achevait précisément à ce moment un article bibliographique sur Louis Bourgeois. Celui-ci
avait publié, en 1550, son *Droit chemin de musique*, où
il exposait sa méthode nouvelle de solfège pour chanter les Psaumes. Ses idées furent attaquées par un Si-
mon Gorlier, libraire et musicien, professeur à Lyon,
qui publia successivement trois *Apologies* de l'ancienne méthode. Louis Bourgeois répondit à ces trois
attaques. La préface de la première de ces réponses
est datée « de Lyon, le 19 janvier 1554 ». La troisième,
sans nom de lieu, mais de Lyon aussi, sans doute,
porte la date : 21 décembre 1554. Attaques et réponses
sont de très minces plaquettes d'environ 8 feuillets.

---

1. *Revue critique*, p. 110.
2. Lettres du 25 et 28 février 1924.

Ces renseignements mettent un point final à la réfutation de toutes les divinations, imaginations et hypothèses, dont Fétis, O. Douen et la *Grande Encyclopédie* ont bourré et surchargé la biographie de Louis Bourgeois. Parti de Genève en 1553, il était à Lyon en 1554 (et non à Paris), occupé à défendre publiquement, par l'imprimerie, ses idées musicales.

*<br>* *

6° Voilà tout ce qu'on sait. Que de Lyon Bourgeois soit allé à Paris, c'est très possible, c'est même probable (si l'on veut), puisque le congé qui lui fut refusé était demandé pour aller « à Lyon et à Paris ». Mais on ne sait s'il y alla, ni quand. Et on ne sait pas davantage s'il était, ou n'était pas, à Paris, en 1561. Ce séjour à Paris repose uniquement sur le fait que, en 1561, parut, à Paris, l'ouvrage de Bourgeois intitulé : « Quatre-vingt trois Psalmes de David en musique fort convenable aux instruments, à quatre, cinq et six parties, tant à voix pareilles qu'autrement, etc. Paris 1561 ».

Mais cette prétendue preuve n'est pas une preuve. Le volume de Bourgeois *Psaulmes cinquante de David* à quatre parties, fut imprimé en 1547, à Lyon, pendant que Bourgeois était à Genève. Son volume *Le droit chemin de musique,* parut en 1550, à Genève et à Lyon, etc. ».

Telles sont les six erreurs, sur lesquelles O. Douen se fonde pour proclamer que « sans le vouloir, et par ses élèves, Bourgeois devint la cause déterminante de la manifestation du Pré-aux-Clercs »[1], manifes-

---

1. O. Douen avait cependant de bonnes raisons pour se défier un peu de l'exactitude de Fétis. Dans la page même où il invoquait aveuglément le témoignage de Fétis sur Bour-

tation qui fut « l'origine de l'harmonie protestante, dont Bourgeois est le père ». (O. Douen II, p. 9, 14). Et même, en veine de « divination », O. Douen ajoute celle-ci aux précédentes : la conversion de Goudimel fut « *peut-être* préparée par les chants du Pré-aux-Clercs » (*Ibid.* p. 26).

*
* *

Tout ce que nous avons à remarquer pour conclure, c'est que la grande construction de Douen, qui a remplacé la divination de Michelet, s'appuyait, d'après lui, O. Douen, sur la date 1557 : *Il faut* que Bourgeois soit venu en 1557 à Paris, juste pour avoir le temps, avant 1558, de former des élèves, sans que personne ait été au courant de ce qu'il préparait. Bourgeois était « *revenu à Paris* en 1557, *pour faire connaître* l'harmonie, la splendide musique religieuse à quatre parties ». Ce fut la *première* exécution publique » et « *la nouveauté seule explique l'enthousiasme* » (O. Douen II p. 14).

*
* *

Enfin, voici la dernière aventure fantastique, et inventée de toutes pièces, que l'on a prêtée au compositeur des mélodies de notre Psautier.

Dans la *Grande Encyclopédie* (Vol. VII, article

---

geois, voici comment il traitait le témoignage de Fétis sur G. Franc, le prédécesseur de Bourgeois : « C'est sans aucune apparence de raison, et tout à fait à l'aventure, que Fétis attribue à Franc la musique du Psautier de Strasbourg, dont on connaît quelques auteurs (Greiter, Dachstein) ; rien ne peut faire supposer que Franc y ait mis la main » (O. Douen, I, p. 614). — Sur Fétis, voir la Préface de la 2ᵉ édition de son ouvrage, Tome I, p. XVIII, et *La Grande Encyclopédie*, Vol. XVII, p. 361, 362.

Louis Bourgeois), M. Michel Brenet a écrit : « *Nous croyons pouvoir le reconnaître* dans la personne de « Messire Loys Burgensis », inscrit de 1553 à 1558 dans les comptes de Henri II, en qualité de « conseiller et premier chantre de la Chambre ».

Est-il hors de doute que Loys Burgensis soit le nom latin de Louis Bourgeois ?

Alors il faut supposer que, instantanément, Bourgeois passa du service de Calvin au service de Henri II.

Il faut supposer que, du jour au lendemain, le pauvre et miséreux chantre de Saint-Pierre de Genève fut bombardé par le roi « Messire », « conseiller » et « premier chantre de la Chambre ». Il faut supposer que, du jour au lendemain, Bourgeois a renié la belle et si pieuse préface de 1547, où il flétrit la musique efféminée et les chants « lascifs », la préface qui « porte si bien la marque du huguenot plein de ferveur » (O. Douen, II, p. 4, 3), pour devenir le compositeur et l'exécutant de la musique de « chambre », c'est-à-dire des chants « efféminés et lascifs ». Il faut supposer que Bourgeois, ayant publié à Genève et à *Lyon* des volumes sur les Psaumes, était cependant tout à fait inconnu à Paris, ou bien qu'il avait solennellement et secrètement tout abjuré... Il faut supposer que Bourgeois était à Paris, pendant qu'il était à Genève et à Lyon.

C'est ainsi que l'épisode du chant des Psaumes au Pré-aux-Clercs nous fournit un exemple typique, de la manière dont des historiens célèbres ou obscurs, protestants ou non-protestants, ont pu traiter l'histoire de notre protestantisme en France.

Note **IV**

*(page 93)*

## Ce que pensent de la musique ceux qui veulent en faire l'élément dominant dans notre culte

M. Bergson, dans son *Essai sur les données immédiates de la conscience* (p. 8 et 9), s'exprime ainsi :

« *L'objet de l'art est d'endormir les puissances actives,* ou plutôt résistantes *de notre personnalité,* et *de nous amener ainsi à un état de docilité parfaite,* où nous réalisons l'idée qu'on nous *suggère,* où nous sympathisons avec le sentiment exprimé. Dans les procédés de l'art, on retrouvera, sous une forme atténuée, raffinée, et en quelque sorte spiritualisée, les procédés par lesquels on obtient ordinairement *l'état d'hypnose.* Ainsi en musique, le rythme et la mesure *suspendent la circulation normale* de nos sensations et *de nos idées,* en faisant osciller notre attention entre des points fixes, et *s'emparent de nous avec une telle force* que l'imitation même infiniment discrète d'une voix qui gémit, suffira à nous emplir d'une tristesse extrême. Si les sons musicaux agissent plus puissamment sur nous que ceux de la nature, c'est que la nature se borne à exprimer des sentiments, au lieu que la musique nous les suggère ».

M. Bonifas reproduit ces définitions et se les approprie : « Si nous cherchions uniquement *une définition de la musique* en elle-même, nous pourrions nous contenter, dès maintenant, des propositions de Bergson ».

Ensuite M. Bonifas invoque l'autorité de M. Paulhan et de son ouvrage, au titre « suggestif quoique paradoxal » : *Le mensonge de l'art*. « Par mensonge de l'art, M. Paulhan entend cette prétention de l'art à substituer dans l'esprit du spectateur ou de l'auditeur la perception momentanée, mais *irrésistible* d'une « réalité » imaginaire à la perception d'une réalité objective, cette réalité imaginaire n'étant pas seulement étrangère à la réalité objective, mais n'existant le plus souvent que par le renversement des conditions de cette dernière, et s'imposant en outre au sens et à l'esprit comme une réalité vraie ».

La définition de M. Paulhan et celle de M. Bergson ont « une grande similitude ».

« Lorsque M. Bergson voit dans l'art une vertu capable *d'endormir* nos puissances résistantes, et de nous amener à un état *de docilité,* où nous réalisons l'idée qu'on nous suggère, il exprime plus psychologiquement et moins paradoxalement que Paulhan, ce processus esthétique, que celui-ci nomme le « mensonge de l'art ».

M. Bonifas confirme les définitions de MM. Bergson et Paulhan, en ajoutant les siennes :

« Tous ceux qui, après avoir subi l'influence d'une musique, essayent après coup d'en analyser la nature, constateront immanquablement en eux *une sorte d'envoûtement,* sensoriel d'abord, puis psychique, où le rythme, la mesure, l'harmonie et la mélodie jouent *le rôle de magnétiseur...* En outre, même ceux qui s'en défendent, tous les *mélomanes* demandent à la musique, non pas seulement *son envoûtement sensoriel,* mais bien *son envoûtement psychique.* Il s'agit donc, nous semble-t-il, de la création d'un état psychique particulier, *assez voisin de l'état d'hypnose (Bergson d'ailleurs souligne cette ressemblance).* Dans cet état, notre personne psychique est au bien *endormie,* au bien *exaltée.* Elle est *soustraite pour un temps aux conditions normales de l'existence* » [1].

Involontairement ou volontairement, insconsciemment ou consciemment, telle est au fond l'essence de la nouvelle Ecole musicale (fille de la nouvelle école théologique), qui voudrait réformer notre chant et notre culte. Rien ne saurait être plus anticalviniste. Que peut-on imaginer de plus opposé au calvinisme, à tout ce qui est pour nous le christianisme évangélique, que ces procédés d'hypnose, d'envoûtement et de mensonge de l'art ?

NOTE **V**

*(page 123)*

# Mêmes mélodies et paroles différentes

Evidemment il est très naturel que les vagues sensations de la musique soient de plus en plus recherchées à une époque où l'on recherche de plus en plus le vague des sentiments religieux.

A une époque où l'on soutient que des sentiments identiques peuvent s'adapter à des doctrines les plus

---

1. Voir Henri Bonifas : *La musique et le culte protestant,* p. 56-64.

diverses, il n'est pas étonnant qu'on affectionne de plus en plus des mélodies, qui peuvent s'adapter aux paroles les plus diverses.

*
**

Sur le vague des sensations musicales, le D<sup>r</sup> A.-T. Davidson a prononcé un curieux discours, dans le Séminaire de Princeton, sur « le style dans la musique » (*The Princeton Seminary*, Bulletin, mai 1924, p. 13). Il ne conteste pas que la musique soit « une prodigieuse force dynamique », mais c'est une force qui, en elle-même, est vague, confuse. On peut dire qu'elle est sensorielle, mystique ; mais elle ne suggère aucun sentiment net et précis, aucune idée. « La même pièce de musique peut suggérer vingt idées différentes à une foule nombreuse ». M. Davidson cite les expériences, faites au Laboratoire psychologique de l'Université d'Harvard. La musique sans parole n'est pas capable de produire sur un auditoire les mêmes réactions générales de sérieux ou de gaieté, ou d'excitation martiale, ou de méditation. « Demandez à un groupe de personnes ce qu'elles pensent d'un certain morceau de musique, vous obtiendrez difficilement deux réponses semblables ».

*
**

Notre Psautier nous offre un exemple singulièrement typique.

La mélodie du Psaume 68, a été écrite à Strasbourg par Thomas Greiter, pour le Psaume 119, qui chante le calme bonheur de l'obéissance à la Loi. En Allemagne, on la trouva très convenable pour le cantique : « O homme pleure ton péché grand ». Calvin la trouva très convenable pour son Psaume 36, et enfin, Th. de Bèze la trouva très convenable pour exprimer les idées du Psaume 68. (Th. Gérold fils : « Les mélodies des premiers chants des protestants de Strasbourg », dans le *Bulletin Mensuel* de l'Union protestante libérale d'Alsace et de Lorraine, 1er mars 1924.) Et ce fut « la Marseillaise huguenote ». Un spécialiste, comme O. Douen, déclare que cette mélodie fait entendre le grondement de la fureur, dont le tonnerre, dévalant les pentes de l'Aigoual, mettait en une fuite irrésistible les soldats de Louis XIV. Ainsi la même mélodie traduit également bien quatre ou cinq sentiments différents et même contradictoires.

*<br>* *

Du reste on assista au XVIᵉ siècle au plus curieux usage de mélodies profanes pour des chants religieux, et de mélodies religieuses pour des chansons profanes.

Les mélodies de beaucoup de nos Psaumes et de beaucoup de chorals sont des mélodies de chansons. Pour les adapter, il n'est pas nécessaire de changer les notes, il suffit de modifier le rythme.

En prenant les mélodies profanes, Luther disait : « Le diable n'a pas besoin de toutes ces mélodies pour lui tout seul ».

Voici le titre d'un recueil publié à Francfort, en 1571 : « Chansons des rues, chansons de cavaliers, et chansons montagnardes, transformées en chansons chrétiennes et morales, pour faire disparaître, avec le temps, les mauvaises habitudes qu'on a de chanter des chansonnettes légères dans les rues et dans les maisons, en les remplaçant par les beaux textes spirituels et honnêtes, que voici » (E. Ecklin, pasteur au Locle, *Quelques notes sur l'Hymnologie protestante*, 1926).

Et voici la réciproque. Le cantique allemand *Wie schön leuchtet der Morgenstern* (Avec quelle beauté brille l'étoile du matin) a été chanté, 50 ans plus tard, dans les cabarets : *Wie schön leuchten die Aügelein* (Avec quelle beauté brillent les petits yeux) (Conférence Gagnebin, *Semaine religieuse,* 9 avril 1927).

# SECONDE ÉTUDE

---

# L'EXPRESSION

---

## I

## La barre de mesure

Quand on veut arriver à un but, il faut commencer par débarrasser la route des obstacles qui la barrent.

Deux obstacles barrent, au chanteur de Psaumes, la route qui le conduira à *l'expression* véritable. Le premier de ces obstacles, c'est *la barre de mesure*.

### I.

On enseigne aux enfants : « Les chants sont divisés en courtes parties d'égale durée, qu'on appelle « mesures ».

« Pour l'œil, chaque mesure est séparée de la suivante par une petite « barre » verticale, qui coupe la portée, et qu'on appelle barre ou bâton de me-

sure ». *Tous nos livres de chant portent ces barres.*
Voilà un premier fait.

Et en voici un second : *Aucun de nos pères n'a
connu ces barres.* Dans la série des Psautiers, que
nous avons pu examiner, les barres de mesure
n'existent *jamais avant 1840.* Elles existent toujours
*à partir de 1858,* et, entre ces deux années, il y a
des Psautiers qui en ont et il y a des Psautiers qui
n'en ont pas.

*<br>**

Aujourd'hui on discute.

La barre de mesure coupe le chant en parties
d'égale longueur. Voilà *pour les yeux.* Mais, comme
chaque mesure commence par un temps fort, il se
trouve que, *pour l'oreille,* continue-t-on à enseigner
aux enfants, « une mesure se fait sentir par l'accentuation de la note, qui commence cette mesure » [1].
La conséquence, sinon cherchée, du moins forcée, est
que la barre de mesure coupe la phrase, non pas
selon le *sens* des mots, mais selon le *temps,* qu'il
faut pour les prononcer. La main, qui bat la mesure,
est comme le couperet de la guillotine. Le nombre
fatal de secondes écoulé, le couperet s'abat, coupe
et recoupe, séparant au hasard, à tort et à travers,
le verbe et le complément, le sujet et le verbe, l'adjectif et le substantif. Peu importe ! La voix est ar-
rêtée, elle *scande.*

2.

Voilà exactement ce dont se plaignent, au nom de
la tradition et du sens commun, ceux qui défendent
le vrai Psaume huguenot.

---

1. Marmontel : *La première année de musique.*

L'organiste et maître de chant du canton de Neuchâtel définit la barre de mesure : « L'engin de mort qui tente vainement depuis longtemps de ligoter les Psaumes, de les paralyser, de les dépoëtiser en un mot »[1]. Le professeur de chant sacré à la Faculté libre du canton de Vaud, écrit : « On a rendu à la mélodie le mauvais service de la cacher comme derrière une grille. Bien habile l'homme du peuple, qui distingue aujourd'hui la souple phrase derrière les barreaux rigides et identiques »[2]. M. Combarieu, dans sa grande Histoire, qui fait autorité et où il ne se préoccupe aucunement de notre chant protestant, avait déjà écrit : « La *mesure* est une innovation tardive, un ajout de grammairiens fâcheusement embarrassés, dans leurs analyses, par des préoccupations d'école »[3].

*<br>* *

Toutefois, il ne faut pas oublier que la suppression de la barre de mesure, ne supprime pas la mesure. Aucun de nos Psautiers, sans barres de mesure, n'oublie de nous avertir que la mesure est à deux temps.

Qu'est-ce donc à dire ? Ce que dit excellement M. H. Expert en ces mots : « Le mouvement est commandé par le texte et *se modifie*, se nuance constamment. Un bon batteur de mesure gardera toujours la *souplesse*, la *liberté*, le *naturel* du rythme, soit purement musical, soit allié à la parole. C'est affaire de *goût*, de *tact*, de *musicalité*, de sens poétique, qualités nécessaires pour bien

---

1. *Eglise nationale* (P. C.).
2. Monastier : *La musique et les Psaumes huguenots.*
3. Combarieu : *Histoire de la Musique,* I, p. 497.

conduire ces magnifiques poèmes que sont les Psaumes » [1].

2.

Faisons le dernier pas. Pourquoi ne faut-il pas de barres de mesure, c'est-à-dire pourquoi ne faut-il pas scander les mots en chantant ? Parce que le Psaume est le prêche des fidèles ; parce ce que le chant d'un Psaume est un discours, et qu'il est, comme tous les discours, composé de phrases. *Le Psaume doit être « phrasé »*.

Ici l'accord de nos autorités est imposant.

L'introduction du dernier recueil de Psaumes et Cantiques, récemment publié à Lausanne, dit : « Le chant est, dans le culte, le langage de l'Assemblée ; il y faut de la vie, comme dans le discours d'une personne qui parle. Nos airs de cantiques sont des chants accentués et rythmés, qui *doivent servir d'aide et de renfort à l'expression*. Par conséquent, la mélodie doit être *phrasée* ». « La diction redevient vivante dès qu'on pense par *phrase*, et non seulement par mesures » [2].

Cette récente déclaration résume et confirme une série de déclarations antérieures. M. Ver : « On

---

1. Pour certains motifs, M. Expert croit devoir conserver les barres. Mais il ne s'agit plus que de barres souples, flexibles comme des roseaux, et que l'idée et le sentiment courbent à leur gré... Et M. Ver, qui les conserve aussi, estime qu'il faut faire comme si elles n'y étaient pas. — « Quand je fais chanter le rythme original du Psaume 42, je ne m'occupe plus des barres de mesure, qui obligent à compter d'une manière compliquée, qui déplacent les syncopes, selon la mesure que l'on veut accepter [et qui au besoin suppriment les syncopes] et je module selon le rythme qui me parait être le bon », nous écrit M. le pasteur Cosson, le 8 novembre 1926).

2. « De la notation des airs », p. XXII. Etude qui termine la préface du Psautier Laufer.

*phrase* le chant des Psaumes ; on ne le martelle pas, on ne scande pas les syllabes prononcées, ni les notes, on *phrase ;* on lie entre elles régulièrement les syllabes et les notes, les sons, jusqu'au court repos, après chaque *phrase* rythmée » [1]. Le professeur de Lausanne : « Il faut renoncer à battre. Pas plus les femmes que la musique ne sont faites pour cela ». « Le chant est fait, non pour être battu, mais pour être *dit,* chanté. La question est non pas comment on battra, mais comment on *phrasera.* Qui dit cantique, dit chanson, liberté au nom du *phrasé* ». Et enfin : « La vertu d'un verset résidant, *en premier lieu,* dans le texte, *tout,* dans l'exécution, vise (doit viser) à rendre le texte clair : articuler les mots et faire ressortir les *phrases, parler cette musique* » [2].

<h3 style="text-align:center">4.</h3>

Arrivé à ce point de mes renseignements, j'ai voulu savoir ce que pensaient les maîtres du chant profane. Je le leur ai demandé.

Je me suis adressé au directeur d'un Conservatoire de musique dans l'une de nos grandes villes. Il me répondit qu'il ne connaissait rien sur ce sujet. Mais, à peu près au même moment, passant par hasard devant un petit marchand de journaux, dans la ville que j'habite, mon regard distrait fut tout à coup attiré par un grand portrait, qui remplissait la première page d'une feuille illustrée. Je m'approchai, et, sous le portrait, je lus ces lignes : « Mademoiselle X..., qui revient d'Amérique. où ses chansons ont eu un succès prodigieux ». Et pour-

1. Ver : *Psautier huguenot harmonisé,* p. XI et XII.
2. Monastier-Schrœder : *Chant sacré,* sept. 1924.

quoi ? « Ses chansons, elle les joue, elle les pleure, elle les sanglote, plus encore qu'elle ne les chante. Car elle *est arrivée à la chanson par le théâtre* », c'est-à-dire : elle est arrivée *au chant par la diction*. Une fois de plus j'avais trouvé, et je me hâtai d'acheter le numéro, l'argument, pour le mettre en bonne place dans mon dossier. Ah ! nos Psaumes, si nous les disions dans notre prière, si nous les soupirions dans notre angoisse, si nous les pleurions dans notre repentir, si nous les jetions au ciel dans l'exaltation de notre foi !... Mais nous les défigurons, et puis nous disons : « Qu'ils sont laids ! »

Après quoi..., un bonheur étant comme un malheur, qui n'arrive jamais seul, je reçus les deux volumes que j'ai déjà plusieurs fois cités, celui de Lilli Lehmann et celui de Faure. La chanteuse dit : « Pour travailler un *Lied* (c'est-à-dire un chant populaire, donc une chanson, donc un Psaume), il faut tout d'abord s'assimiler l'esprit de l'œuvre... Un mot contient une idée, et il s'agit d'exprimer non seulement l'idée du mot, mais le rapport de cette idée avec le tout »[1]. Et le chanteur : « S'il est utile pour perfectionner sa prononciation de lire d'abord à haute voix la *phrase* qu'on doit chanter, il n'est pas moins nécessaire de la déclamer (de la réciter) pour retrouver ensuite, avec la voix « chantée », les intonations, et les « valeurs » de sonorité, qui conviennent aux sentiments qu'on doit exprimer. On ne devrait même jamais... chanter un air sans avoir pris la précaution d'indiquer les respirations et les nuances, afin de se les graver dans la mémoire »[2].

---

1. Lilli Lehmann : *Mon art de chanter*, 1922, p. 74, 75.
2. Faure : *La voix et le chant*, p. 218.

## 5.

Et je termine ce sujet par le texte qui m'est arrivé le dernier sous les yeux. Ce n'est certes pas le moins autorisé, le moins important. Il résume tous les autres. Il est de M. Maurice Emmanuel, professeur au Conservatoire National de Musique, à Paris, dans son *Histoire de la langue musicale*.

« L'usage de la barre de mesure a substitué (au cours du XVII⁰ siècle) une exécution mécanique à une interprétation intelligente » (p. 35). « La barre n'est rien en soi ; son despotisme est dû à la généralisation illimitée d'une convention chère aux danseurs. Le fait de lui attribuer la valeur d'un signal est celui *de musiciens peu affinés : son influence fut désastreuse* » (p. 437). « *Elle ne remplit qu'un bas office,* elle est métronomique » (p. 441).

« Lorsqu'un chef d'orchestre n'est qu'un batteur de mesure, il peut être utilement remplacé par une machine métronomique. Or il est plus et mieux, il est l'indicateur d'un rythme » (p. 442). « *La barre défigure,* dans l'art moderne, la bonne moitié des rythmes, que nous ont laissé les anciens » (p. 640) [1].

## 6.

Du reste on pourrait remarquer que le crime des barres de mesure n'a pas tardé à recevoir son châtiment. Depuis qu'on s'en sert, on ne sait plus où les mettre: L'unique mesure à deux temps à fait place à des mesures à trois ou quatre temps, et même à d'autres. M. Cosson raconte qu'ayant examiné 13

---

1. Maurice Emmanuel : *Histoire de la langue musicale*, 1911, Renaissance, Seizième siècle.

Psautiers, il a trouvé le Psaume 42 coupé par 13 mesures différentes. O. Douen a donné la liste des mesures employées pour le Psaume 25. Dans 21 Psautiers il a trouvé 15 mesures différentes (O. Douen, II, p. 393, 394). « Donc anarchie, dit M. Cosson, et gâchis ; et le Psaume est caricaturé » (Lettre du 9 septembre 1926).

7.

*Conclusion*

Il y avait longtemps que J.-J. Rousseau avait tout dit, dans son *Dictionnaire de Musique* (article « Harmonie ») : « La musique, étant un discours, doit avoir comme lui ses périodes, ses phrases, ses suspensions, ses repos, sa ponctuation de toute espèce. »

En enfin, tout a été répété par le *Solfège populaire* d'Ernest Van de Velde, solfège, est-il dit, « pour la diffusion de l'art parmi le peuple », et rapidement arrivé a sa $55^e$ édition. Il termine et conclut ses leçons par des observations sur le *style,* l'accentuation, *les accents,* les *points.* Parmi les principaux éléments de l'expression musicale, il place « le *phrasé* ». « Phraser, dit-il, c'est observer exactement la *ponctuation* musicale, c'est-à-dire faire comprendre doucement les différentes parties d'une *phrase musicale,* son commencement, son développement, et sa terminaison. »

On croirait lire un manuel de style ou de diction.

---

1. Voir *Note documentaire II.*

## II

# Le point d'orgue

Après s'être débarrassé de la malencontreuse barre de mesure, il faut se débarrasser du point d'orgue, non moins malencontreux ; et pour les mêmes motifs. La barre de mesure découpe les *vers* en petits morceaux, appelés *mesures* ; les points d'orgue décou-coupent les strophes en petits morceaux appelés *vers* (le tout, sans tenir compte du sens et des phrases).

1.

Voici la petite histoire de ce point d'orgue. A l'origine, dans nos Psautiers, à la fin de chaque *verset* (« verset » et non pas « vers »), au dessous de chaque syllabe finale se trouvait une grosse note carrée. A partir de 840, cette grosse carrée se transforme ; elle est remplacée par un soupir, qui monte de ligne en ligne, qui se place à la fin de beaucoup de vers, puis de tous. En 1855, l'évolution arrive à son terme. Le point d'orgue apparaît, à la fin de chaque vers, et même il n'y a pas seulement un point d'orgue, mais sur le point d'orgue, il y a, en toutes lettres, le mot « *long* » ![1]

2.

Est-ce à ce Psautier de 1855, que les reviseurs du

---

[1]. Voir *Notes documentaires I et III*.

Psautier synodal ont emprunté le point d'orgue à la fin de chaque vers ? Ils le définissent : « Non un prolongement de note, mais un simple repos pour reprendre « haleine ». Seulement quelle étrange idée, que de se servir d'un signe, indiquant, d'après les manuels, qu'une « note doit être prolongée au delà de sa valeur réelle »[1] pour indiquer qu'il ne faut pas la prolonger au delà de sa valeur réelle ?

3.

Tout naturellement, il en est résulté un double mal : on s'est *arrêté à tort*, et, *à tort, on a prolongé* les notes.

On dit : Mais ne faut-il pas respirer ? Certes oui. Mais faut-il respirer à seconde fixe, quelle que soit la longueur des vers, où que l'on en soit de la phrase ? Les poumons sont-ils semblables au soufflet d'une petite ou d'une grosse forge ? Faut-il s'arrêter et respirer également, qu'il y ait une virgule, un point et virgule, un point, ou bien qu'il n'y ait ni virgule, ni point, sans s'occuper de savoir, si l'on s'arrête, et respire, entre le sujet et le verbe, entre le verbe et son complément ?... Alors il n'y a plus ni phrases ni discours. Que dirait-on, si dans ses sermons, et selon les textes et les dimanches, le prédicateur s'arrêtait et respirait toutes les 6, 8 ou 10 syllabes ? Ce serait grotesque.

Y a-t-il un autre mot pour caractériser l'impression que fait le Psaume 47, chanté d'après les indications, et comme je l'ai entendu chanter ?

Que tous les humains — *(point d'orgue, arrêt et respiration)*  
En cet heureux jour —          *(id...)*  
Viennent tour à tour —         *(id...)*

---

1. Marmontel.

D'un chant solennel — *(point d'orgue, arrêt et respiration,*
Louer l'Éternel —                          *(id...)*
Peuples, il vous faut —                     *(id...)*
Craindre le Très-Haut —                     *(id...)*
Le grand Roi qui peut —                     *(id...)*
Faire quand il veut —                       *(id...)*
Trembler à sa voix —                        *(id...)*
Les plus puissants rois.                    *(id...)*

C'est à perdre la respiration à force de respirer.

Sans doute, il n'en est pas de tous les Psaumes comme du Psaume 47. Mais peut-être ne trouverait-on pas un Psaume, pas un verset de Psaume, où ne se produisent quelques-uns de ces arrêts des idées, du sentiment, quelques-uns de ces non-sens. Seulement on y est tellement habitué, qu'on ne s'en aperçoit pas. Si ce n'était pas vrai, ce serait incroyable.

4.

Reste une dernière réplique : c'était l'usage de nos pères : « chaque vers se terminait pas une courte pause ».

Est-ce vrai ? Dans nos anciens Psautiers, à la fin des vers on trouve, *en général*, un petit trait vertical, qui indique un arrêt. — Mais, d'abord, notre point d'orgue est extrêmement visible, et le petit trait était presque dissimulé, imperceptible. Il tenait à peine la moitié de l'intervalle entre deux lignes; c'était presque un petit point carré, qui pouvait parfois rester inaperçu. — Et puis que signifiait-il exactement ? Pourquoi, au lieu d'être toujours placé à côté de la dernière note du vers, était-il souvent placé avant la première note du vers suivant ? Et pourquoi était-il quelquefois placé ni à côté de la dernière note, ni à côté de la première, mais à égale distance des deux, sur quelque ligne intermédiaire ? Les auteurs ne nous disent rien à ce sujet.

Et enfin, et surtout, il n'est pas exact, bien qu'on nous le répète toujours, que ce signe existât à la fin de *chaque* vers. — Précisément le Psaume 47 ne présentait pas ce signe d'arrêt, à la fin de chaque vers. Et le Psaume 47 n'était pas le seul de son espèce. Il y a 23 Psaumes (soit 1/6), où tous les vers ne se terminent pas par des arrêts. — Par exemple dans les deux vers du Psaume 32 :

> Bienheureux celui dont les commises
> Transgressions sont par grâce remises,

on a eu soin de ne pas disjoindre, par un arrêt, l'adjectif « commises » de son subtantif « transgressions » ; il n'y a pas de signe.

5.

Grâce au point d'orgue, non seulement on s'est habitué à s'arrêter, quand il ne faut pas s'arrêter, mais on s'est habitué à ralentir, quand il ne faut pas ralentir. A partir du milieu du verset, grâce aux arrêts intempestifs, un ralentissement général, va s'aggravant, et avec les dernières syllabes au dernier vers, il aboutit à une langueur endormie et endormante.

Or, un vrai chant est un vrai discours, et ce qui est vrai du discours dans son ensemble, est vrai de chacune de ses parties, de chaque strophe. Ce qui est le plus puissant, ce n'est pas l'exorde, c'est la péroraison. De l'exorde à la péroraison il y a un crescendo. Ce crescendo peut se faire sentir de façon différente, soit par une diction plus précipitée, soit au contraire par une diction plus grave, plus solennelle, plus énergique. Mais, en tout cas, la fin de la strophe, au lieu de s'alanguir, doit faire sentir plus d'émotion, plus de force, ou manifestée, ou concentrée.

C'est elle qui doit produire le plus d'impression.

Un de nos plus zélés et distingués rénovateurs du chant de nos Psaumes, M. Lethel, conclut avec raison : « Le point d'orgue est une erreur de nature à altérer le chant traditionnel. La respiration doit être indiquée *aux endroits nécessaires* par une virgule ou par un trait vertical. Cette respiration doit-elle être placée à la fin de chaque vers ? Non »[1].


## III

# Indications pratiques

Essayons d'appliquer quelques-unes des règles auxquelles nous sommes arrivés.

### I.

Pour arriver à bien chanter un verset de Psaume, nous commencerons par le lire, et le relire à haute voix. Nous le lirons en essayant de tenir compte, aussi bien que possible, du sens, de la ponctuation (virgules et points), des liaisons et des séparations non seulement orthographiques, dirais-je, mais intellectuelles.

*
* *

Exemple.

Psaume 47. — La première phrase est : « Que tous les humains viennent louer l'Eternel ». Seulement

---

1. Lettre du 17 novembre 1920

cette phrase contient des espèces de parenthèses.
Louer l'Eternel, quand ? « En cet heureux jour ».
Tous ensemble ? Non : « tour à tour ». Comment ?
« D'un chant solennel ». Ces parenthèses explicatives doivent donc être distinguées de la phrase principale, par des arrêts plus ou moins courts ou moins
longs, mais sans altérer la tenue, sans voiler la suite,
le ton général de la phrase principale elle-même. Ce
qui donne le graphique suivant :

*Que tous les humains* (en cet heureux jour) *viennent* (tour à tour) (d'un chant solennel) *louer l'Eternel.*

*
* *

Psaume 42. — Voici le premier verset de l'ancien
texte :

Comme on voit le cerf bruire
Pourchassant le frais des eaux,
Ainsi, mon cœur, qui soupire,
Seigneur, après tes ruisseaux,
S'en va toujours criant, suivant
Le grand, le grand Dieu vivant :
Hélas, doncques, quand sera-ce
Que de Dieu verrai la face ?

En réalité tout ce verset ne forme qu'une seule
phrase : « Comme on voit le cerf bruire, ainsi mon
cœur s'en va toujours criant : Hélas doncques quand
sera-ce que de Dieu verrai la face ».

Mais cette phrase unique contient plusieurs parenthèses explicatives. Le cerf bruit : comment ? En
« pourchassant le frais des eaux ». Ainsi mon cœur :
dans quel état est ce cœur ? Cela nous est expliqué.
Il s'agit de mon cœur, « qui soupire après tes ruisseaux ». Et même il y a un cri particulier : « Seigneur ». Ce cœur s'en va donc criant ; mais il est
expliqué qu'il va criant en « suivant le grand, le
grand Dieu vivant ». Ce qui nous donne le graphique
suivant :

« Comme on voit le cerf bruire (pourchassant le frais des eaux), ainsi, mon cœur (qui soupire (Seigneur) après tes ruisseaux), s'en va toujours criant (suivant le grand, le grand Dieu vivant): Hélas, doncques quand sera-ce...

Et il faut faire sentir la continuité de la phrase principale, tout en faisant sentir les parenthèses, ce qui, théoriquement, paraît très compliqué, mais ce qui, en pratique, arrive à être fait tout naturellement, instinctivement, même par les enfants.

### 2.

Au milieu de cette séparation et de cette union des phrases, des propositions, n'oublions pas de ne pas séparer ou unir, à tort et à travers, les syllabes. Il y a des liaisons aussi dangereuses dans la diction que dans la morale.

Le cantique 105 fournit l'exemple classique. Il ne faut pas dire : « Ah ! que je ne sois pas *comme un rat* », s'arrêter et continuer ; « meau stérile ». — Au contraire, dans le Psaume 42, il ne faut pas unir les syllabes *cœur* et *qui* et dire : mon « cœurqui »...

Tout dernièrement, on m'a raconté l'histoire d'une brave paysanne, qui craignait d'avoir offensé un démon particulier, nommé « Garatoi », celui dont parle l'Oraison dominicale, quand elle dit : délivre-nous du malin, « car à toi »...

### 3.

Alors faut-il conseiller aux pasteurs de lire les versets des Psaumes et cantiques, qu'ils invitent l'assemblée à chanter ? Je n'ose répondre ni oui ni non.

Autrefois, j'ai cité la décision du Synode de Figeac (1579), disant : « Les Eglises qui, en chantant les Psaumes dans l'assemblée, font lire tout haut les *vers*, avant que de chanter, seront averties de s'abstenir de cette façon de faire, comme étant *inepte* ». Et j'en avais conclu que, d'après nos Synodes, le pasteur ne devait pas lire ce que l'assemblée allait chanter. Depuis, je suis arrivé à penser que je m'étais probablement trompé, et que, dans la décision synodale, il ne s'agissait pas de notre coutume actuelle de lire les *versets*, mais qu'il s'agissait de l'habitude, que j'ai retrouvée encore dans certaines églises hongroises, où (à cause des illétrés) on lit un vers, que l'assemblée chante, puis un autre vers qu'elle chante, et ainsi de suite jusqu'à la fin [1].

Notre vieille Discipline ne gênant pas notre liberté sur ce point, comment en user ? Devons-nous continuer à lire, ou cesser de lire ? Ah ! si les pasteurs lisaient très bien, il serait fort utile qu'ils lussent, pour mettre l'assemblée dans l'état spirituel nécessaire, et la pousser à bien chanter. Mais combien de pasteurs *peuvent*, et surtout combien de pasteurs *oseraient* lire très bien, c'est-à-dire avec l'entrain, avec l'élan, avec l'émotion et tous les sentiments qu'ils voudraient communiquer ?

---

1. Du reste voici une décision synodale, qui prouve le but de cette lecture, et qui montre bien qu'il s'agissait d'une coutume semblable à la coutume hongroise. « Synode national tenu dans les Hautes-Cévennes, du 4 au 10 mai 1756 : « Sur la question proposée par les députés de la province du Bas-Languedoc, s'il convenait de lire ou de ne pas lire les Psaumes avant de les chanter dans les assemblées religieuses, l'assemblée est d'avis que, vu l'édification *que retirent les illétrés*, l'usage en sera continué » (Edmond Hugues, *Synode du Désert*, Tome II, p. 85). Le texte du synode et la coutume hongroise s'expliquent et se précisent l'un l'autre.

### 4.

Reste la question du *chantre*. Sur cette question, je le reconnais, j'ai bien changé d'avis.

Autrefois, j'ai écrit contre lui, et, avec bien d'autres, j'ai demandé sa suppression.

Je me rappelais un petit épisode plutôt grotesque. Dans une petite église du Gard, du temps de mon enfance, au-dessous de la chaire du pasteur, il y avait une chaire large et basse, où prenaient place trois chantres, l'un vieux, l'autre d'âge mûr, le troisième jeune; le passé, le présent et l'avenir. Le vieux dirigeait. On en était au second vers de la première strophe. Tout à coup, il s'arrêta, leva son Psautier et cria, en patois : *L'aven près un paou trop naou, faou récommença* » (Nous l'avons pris un peu trop haut; il faut recommencer). Et on recommença.

Aujourd'hui, je suis tellement partisan du chantre, que j'en voudrais plusieurs, beaucoup. Je voudrais que l'Eglise en formât le plus possible, 20, 30, 40... à une condition, c'est que, une fois formés, ils ne constituâssent pas un « Chœur ».

Le « Chœur » est une chose et un mot catholiques, et il risque d'avoir au moins deux inconvénients, aussi néfastes l'un que l'autre pour l'assemblée. D'abord, il enlève du milieu d'elle précisément les personnes qui pourraient la diriger, la soutenir, en étant à côté d'elle, au milieu d'elle; il la réduit à l'impuissance. Et ensuite, le « Chœur », mieux il chante (plus il est haut placé dans quelque tribune), et plus il invite les fidèles à l'écouter, c'est-à-dire à se taire. Une dame, qui a une très belle voix, et qui est très religieuse, me disait que dans le temple de la ville qu'elle habite (il s'agit d'une Eglise du Midi), il y a un excellent « Chœur ». Il chante à la perfection, les fidèles écoutent, et si elle se sent poussée à chanter, on la regarde avec de tels yeux qu'elle se tait.

De son côté, M. Th. Lethel a écrit : « Dans certaines paroisses riches de Paris, l'anémie du chant d'assemblée est savamment masquée par un groupe de chorale de professionnels, massés auprès de l'orgue, et dont la présence semble un incitant de plus à la généralité des fidèles, à ne pas troubler, par l'intervention de voix insuffisamment cultivées, la pureté d'une exécution impeccable. Il est telle grande église, où un fidèle qui chante, et qui chante de façon à se faire entendre, se fait remarquer par ses voisins » [1].

Donc pas de « Chœur », mais des chantres, et des chantres non pas groupés, où que ce soit, à part, mais dispersés, (sauf deux ou trois) autant que possible, un par banc, si possible.

## 5.

Ici une dernière fois j'entends l'éternelle objection : « C'est impossible. Votre effort est, peut-être, honorable ; mais il est trop compliqué ; il est voué à un échec certain ».

Dissipons un malentendu. Toutes les explications, que je viens de donner, ne s'adressent pas évidemment à toute l'assemblée des fidèles. Je sais très bien que le peuple n'apprend pas à chanter ses chansons par des Traités de chant, des solfèges, des professeurs de musique. Il entend chanter, et il chante.

Nos explications s'adressent aux pasteurs, à ceux qui veulent diriger l'assemblée, aux quelques fidèles

---

1. *Le Chant sacré*, juillet 1926.

spécialement désireux et capables de guider, de soutenir le chant.

Pour l'assemblée des fidèles, voici ce qui la concerne.

*<br>* *

A l'origine, lorsque Calvin voulut faire *bien chanter* les Psaumes *par tous les fidèles,* — ces fidèles qui n'en connaissaient aucun —, que fit-il ? « La manière qui nous a semblé bonne est, si quelques enfants, auxquels on a enseigné auparavant un chant modeste et ecclésiastique, chantent à haute voix et distincte, le peuple écoutant en toute attention, et suivant de cœur ceux qui chantent de bouche, jusqu'à ce que, petit à petit, chacun s'accoutume à chanter en commun ».

Pas de théorie, seulement de la pratique. Une fois de plus, par hasard, Calvin avait raison, et il faut revenir à ses procédés.

En 1543, les Registres du Conseil de la ville de Genève portent, le 16 avril : « Psaumes de David. Ordonné pour autant qu'on parachève les Psaumes de David, et qu'il est fort nécessaire de composer un chant gracieux sur iceux, que Maître Guillaume, le Chantre, est bien propre pour recorder (pour apprendre à chanter) les enfants, le jour qu'il sera ordonné, ou une heure le jour. Et que de son gage, on en parle à Monsieur Calvin » (*Registres du Conseil,* 37,• fº 61). Enfin, en 1559, dans le Réglement du fameux Collège, il fut arrêté que tous les écoliers « hyver et été, après diner, à onze heures, s'exercent à chanter Psaumes jusqu'à midi » (les lundis, mardis, jeudis et vendredis). (Opera Calvini, Xa, p. 73).

*<br>* *

Aujourd'hui, nous n'avons presque plus d'écoles

protestantes. Que peut-on faire aux écoles du dimanche et aux écoles du jeudi ? Est-il sage de ne faire chanter aux enfants que des cantiques qu'ils ne chanteront plus, quand ils auront fait leur première communion ? C'est aux pasteurs à décider, ou aux corps ecclésiastiques.

En tout cas, voici des faits et des exemples significatifs.

Un des rénovateurs du chant des Psaumes, en Suisse, m'a dit : « Je cherche quelques jeunes paysans, et, *sans explication*, je leur dit : Je vais vous chanter quelque chose, écoutez bien... Je leur chante un Psaume, et au bout de quelques essais, ils chantent comme moi ».

Plus récemment, en France, le grand ami des Psaumes, Pierre Devoluy, a dit : « En septembre 1924, à Châtillon-en-Diois, dans nos Alpes-dauphinoises, provençales, j'ai choisi des jeunes filles, à la voix juste, mais la plupart sans culture musicale [1], et en cinq leçons d'une heure, elles ont appris à chanter fort convenablement sept Psaumes de Marot et de Bèze » [2].

Plus récemment encore, la même expérience a été faite dans divers villages de la Gardonnenque, et m'a été racontée, dans les mêmes termes, par M. le pasteur Hayn. Moi-même, à Montauban. j'ai été témoin d'une expérience analogue. Et, certainement, le même fait s'est passé ailleurs.

Il n'y a qu'à faire de même.

---

1. C'est-à-dire sans connaissances techniques, n'ayant pas des habitudes prises et des idées fixes. Ce point est essentiel.

2. *Foi et Vie*, o. c., p. 102-103.

## IV

# Le double résumé : critiques et conseils

### I.

Le résumé des critiques, je l'emprunte à Pierre Devoluy, dans son ouvrage : *le Psaume sous les Etoiles*. La préface rapporte les propos que tenait « un arrière cousin par alliance, et vieil original ». Voici ce qu'il disait du Psautier, paru au début du XIX siècle et dont nous sommes les héritiers : « Un vrai monstre, pour les paroles et pour la musique ! » « Ils ont osé, oui mon cousin, ils ont osé triturer, malaxer, caricaturer les strophes de Marot et de Bèze. Ils ont prétendu les *rajeunir !* Les pauvres sots ! Et avec les meilleures intentions du monde, ils ont remplacé le plus souvent ces magnifiques poèmes, par des vers de mirliton, qui, — juste retour des choses d'ici-bas, — nous paraissent aujourd'hui beaucoup plus vieillots que le texte admirable et si inconsciemment profané... Et c'est tout le temps la même chose pour les paroles. »

« Quant à la musique, ce fut peut-être encore pis. On saccagea d'abord le rythme pour le faire entrer de force dans le cadre de la musique moderne, et on obtint tout de suite des résultats infernaux. La phrase rythmique, si souple et chantante, se trouva coupée en morceaux, séparée les uns des autres par des rondes et des repos, où il y avait des noires qui se suivaient si prestement. On découvrit ensuite que les oreilles modernes ne pouvaient pas s'accommoder de certains intervalles, et on diéza un peu partout, farouchement, à tour de bras. Enfin, il était réservé aux hommes du milieu du XIXᵉ siècle, de méconnaître la musique du XVIᵉ, au point de transcrire la vieille carrée sans queue par une ronde, la carrée avec queue par une blanche, ce qui ralentit l'allure de la mélodie d'un peu plus de la moitié, et de façon qu'au total on aboutit à des façons de rapsodies lugubres, traînantes, endormantes, coupées en lambeaux mal ajustés, dépouillées de tous les effets musicaux, qui sont leurs caractères essentiels ».

La tirade de l'arrière-cousin par alliance, et vieil original, a de l'allure, et rappelle assez bien ces haines vigoureuses que doit donner le vice aux âmes vertueuses, dont parle le poète.

*<br>* *

Toutefois, remarquons qu'un auteur aussi différent de P. Devoluy que O. Douen s'exprime presque dans les mêmes termes, au cours de son savant article de la grave *Encyclopédie des sciences religieuses* : « Le mauvais goût, dit-il, bourgeois et plat, du règne de Louis-Philippe, réservait au Psautier quelque chose de plus triste que l'abandon, savoir la caricature. Sous prétexte que ces splendides mélodies n'étaient pas rythmées (il semble que c'est dans le Consistoire de Paris qu'on avait fait cette incroyable découverte), des musiciens, peut-être plus à plaindre qu'à blâmer, se mirent à en changer la valeur des notes ; et, enchérissant les uns sur les autres, transformèrent les rondes et les blanches en croches pointées et en doubles croches, et la mesure à deux temps en mesure à 3/4, et à 6/8, sans parler de la tonalité changée, et des modifications des finales.

Cette indécence poussée jusqu'au ridicule amena une réaction. » [1]

## 2.

Quant au résumé des conseils — beaucoup plus importants que les critiques — je l'emprunte à des autorités, dont personne certainement ne contestera la rare compétence et l'autorité.

1° C'est, au 16e siècle, une simple phrase de Calvin : « Les chansons spirituelles, dit-il, ne se peuvent bien chanter que de cœur ». Cette phrase dit tout.

2° C'est, au 17e siècle, le conseil donné, en 1674, par le livre d'édification, très répandu à cette époque, le *Voyage à Béthel* : « Joins ta voix au chant des Psaumes, lesquels tu chanteras *d'esprit et d'intelligence*, suivant l'exhortation de saint Paul, afin d'éviter le reproche que Dieu fait par Esaïe : Ce peuple s'approche de moi de sa bouche, et m'honore de ses lèvres, mais il a *éloigné son cœur* arrière de moi » [2].

3° Enfin, au 18e siècle, c'est le conseil, ou plutôt les conseils, que donnait, en 1768, un ancien du Consistoire de la Rochelle, dans la Préface d'un Psautier rare (rencontré au cours de mes recherches et pérégrinations) [3].

------

1. *Encyclopédie*, III. « Chant d'Eglise », p. 60. La caricature par la vitesse, n'empêcha pas la caricature par la lenteur.
2. *Le voyage à Béthel*, avec les préparations prières et méditations pour participer dignement à la Sainte-Cène, le tout revu, corrigé et augmenté, 1674, p. 23, 24.
3. *Les Psaumes de David*, à Mons J. Pnet de Clon A. P. Préface signée : Du lieu de ma naissance, le 11 mars 1768. — Dangerard, P., ancien du Consistoire de la Rachelle, publia avec la collaboration de sa femme, Mlle Rondeau, pour la

« Les uns, dit-il, chantent uniquement pour le plaisir de l'harmonie ; d'autres, sans y faire attention, à peu près comme s'ils parlaient dans une langue inconnue ; d'autres par coutume ; d'autres par imitation ; d'autres sans faire à leur situation, et aux circonstances dans lesquelles ils se trouvent, aucune application de ce qu'ils chantent. *Ce n'est pas ainsi que chantaient nos pères.* »

Quelle exactitude ! Comme l'on croirait que c'est écrit aujourd'hui et non il y a 158 ans, sauf que l'auteur oublie la classe des fidèles, la plus nombreuse aujourd'hui et qui, paraît-il, n'existait pas autrefois ; la classe de ceux qui ne chantent pas.

En conséquence, les conseils donnés en 1768 sont exactement ceux que nous avons besoin de recevoir, et que nous essayons de donner cette année. Il faut chanter d'esprit et il faut chanter de cœur, dit l'Ancien de 1768.

« *Chanter d'esprit,* c'est-à-dire avec intelligence, et de manière que non seulement *nous entendions nous-mêmes ce que nous chantons,* mais encore que ceux qui entendent les accents de notre voix et de notre cantique, puissent *comprendre ce que nous disons* ». C'est bien textuellement ce que nous avons dit.

Et puis : « *Chantons de cœur,* c'est-à-dire avec une véritable dévotion, et une sincère piété, car ces divins cantiques n'ont pas été fait seulement pour plaire à nos oreilles, mais pour élever notre âme, pour exciter notre zèle, pour fortifier notre foi, pour soutenir notre espérance, et voilà le vrai moyen de

---

partie musicale, *les Psaumes de David,* et avec 65 cantiques, avec dédicace à M. J. Périnet de Châtillon, à Paris. (*France protestante,* 2ᵉ édition.) — O. Douen dit que Dangirard était surnommé « Le pape des huguenots » (II, 378).

rendre notre chant agréable à Dieu. » Bien plus ! c'est jusque dans la manière d'appliquer ces préceptes, que notre Ancien de 1768 dit, à l'avance, ce que nous avons essayé de dire dans les pages qui précèdent.

Ecoutons ces derniers mots : « La partie principale, dont on doit s'occuper, c'est de *bien entendre* le sens du Psaume, que l'on chante, et de revêtir les sentiments de dévotion qui y sont exprimés. Pour y parvenir, *il faudrait lire un Psaume avant de le chanter,* en étudier le sens, examiner les sentiments de piété que le prophète a voulu manifester, et les rapports qu'ils peuvent avoir avec ceux dont nous devons être animés, dans les circonstances où nous nous trouvons : humilité, patience, repentance, joie, confiance en Dieu, reconnaissance pour ses bienfaits. C'est avec cette intelligence et avec ces dispositions de l'âme, que l'on mettra en pratique le précepte de saint Paul, que l'on chantera d'esprit et de cœur ».

*<br>* *

Ah ! que le lecteur oublie le plus ou moins de compétence de celui qui a rédigé ce volume, mais qu'il prête l'oreille à tant d'hommes savants et compétents, théologiens, pasteurs, maîtres de chant, organistes, chanteurs et chanteuses ! Surtout qu'il prête l'oreille à l'Ancien du XVIII<sup>e</sup> siècle, et à la préface de son Psautier, aux pieux auteurs, qui indiquaient à nos pères du XVII<sup>e</sup> siècle le *Chemin de Bethel,* à notre Réformateur lui-même qui a créé le Psautier et marqué pour toujours comment il faut le chanter...

Tous disent et répètent : Le chant des Psaumes est une affaire de musique ! Certainement ; mais c'est surtout une affaire de piété ! Le chant des

Psaumes est une affaire d'art. Certainement, mais c'est surtout une affaire de foi !

Le vrai Psaume huguenot, c'est celui-là seul, qui est bien chanté par toute l'assemblée des fidèles avec toute la sincérité, avec toute la profondeur, avec tout l'enthousiasme de la foi huguenote, de la foi au saint et glorieux Evangile de nos Pères et du Christ.

# NOTES DOCUMENTAIRES

---

NOTE **I**

*(page 159)*

## Carrées et doubles carrées

Dans les Psautiers de 1832 à 1851, on trouve cette indication : « Les notes carrées, de la valeur d'une ronde chacune, sont destinées à marquer la réunion de deux mesures pour la même syllabe » (soit quatre temps).

Or la syllabe finale de chaque *verset* ne porte pas deux carrées, elle n'en porte qu'une, ce qui indiquerait que la dernière note de chaque *verset,* doit avoir la durée de deux temps.

Mais on trouve deux carrées pour une seule syllabe, seulement dans quatre Psaumes, sauf erreur, et dans le corps des versets : 1° Psaume II, « de mettre une entreprise *vaine*; 2° Psaume XIII : Détournes-tu ton *visage* »; (Psautiers de 1563, de 1676, deux carrées qui se touchent; Psautier de 1751, deux carrées sont remplacées par deux blanches; Psautier de 1790, les deux carrées sont remplacées par deux rondes; 3° Psaume XCI, deux carrées qui se touchent : Pour jamais se *retire*, retiré se peut *dire*;

4° Psaume X : « Fais que sur eux tombe leur entre-*prise* », deux carrées pour *pri* et une carrée pour *se*. Et les deux carrées ne sont pas en général sur la même ligne, etc...

## NOTE **II**

### (page 158)

# Bâtons de rime, ou chant et diction

Autant que la barre de mesure et le point d'orgue, ces deux engins mécaniques pour couper le chant et la pensée, je me permets de repousser la *barre ou bâton de rime*, que préconisent cependant certains adversaires décidés des barres de mesure[1]. Mon ignorance ne comprend pas ce qui me paraît une contradiction.

La barre de rime, c'est-à-dire la barre avant la rime, pour faire sonner la rime, est de même nature, et offre les mêmes inconvénients que la barre de mesure, que le point d'orgue. Elle arrête et force la voix sur une syllabe, non pas selon sa valeur et son sens, mais selon sa place.

On dit : il faut bien faire sentir le vers, surtout le vers français, dont l'élément principal est la rime, selon une loi que j'ai plusieurs fois entendu nommer

---

1. « La règle ancienne disait, avec Léonard Euler (1727) : « La dernière note d'un vers, aussi bien que d'une strophe, doit être la principale. » Cela est surtout vrai en français où la rime constitue le point capital du vers ». (*Recueil Laufer*, p. **XXV**.)

la loi de Beck. A mon sens, non ! La musique a d'autres moyens que la barre de mesure pour soutenir ou régulariser son rythme, et la poésie a d'autres moyens que la rime pour faire sentir son rythme et son charme. La rime en est un, ce n'est pas le seul. Si c'était le seul, cela prouverait seulement que les vers ne sont pas de vrais vers, que ce sont des bouts-rimés, de la prose, « où les vers se sont mis ».

*
* *

Ici la diction et le chant arrivent à se confondre absolument, ce qui est logique et naturel (on ne saurait trop le répéter); et nous allons achever de comprendre l'erreur d'une certaine théorie fausse du chant, en nous rendant compte de l'erreur de la théorie correspondante et fausse de la diction. Réfuter l'une, c'est réfuter l'autre.

Pour faire bref j'indique tout de suite la théorie vraie, à mon sens, de la diction, qu'a parfaitement exposée M. Edouard Mennechet dans ses *Etudes sur la lecture à haute voix* (1855 ; p. 231, 238, 242, 249).

« La fixité du nombre des syllabes dans les vers et la consonnance des mots qui les terminent, voilà tout le système de notre *versification* française, mais ce n'est pas la *poésie*. La poésie ne consiste ni dans la mesure, ni dans la rime, elle est dans la pensée, dont les mots ne sont que l'expression, quelles qu'en soient la mesure et les consonnances. »

« La mesure des vers se fait sentir, sans que vous y pensiez, et la rime se fera reconnaître, sans qu'il soit nécessaire d'appeler sur elle l'attention. Le devoir, pour le lecteur, est de faire deviner le vers, sans en marquer la césure ni la rime, d'une manière sensible ».

« Ni la césure, qui sépare les deux hémistiches

d'un vers, ni la rime, qui en marque la fin, n'imposent au lecteur l'obligation de les faire sentir, soit par des repos, soit par des inflexions de voix ».

« Un lecteur ne doit laisser apercevoir ni le moment où il prend haleine, ni le jeu des organes de la respiration. Si la nature et la forme des vers ne lui offrent pas des occasions naturelles de respirer, c'est à lui de les faire naître par des artifices de diction, employés avec discernement. L'inconvénient de respirer à la fin des vers est tel que *Talma conseillait, pour en perdre l'habitude, de s'astreindre à ne le faire jamais...* Conseil bon, comme étude de diction ; mais tout système exclusif est nécessairement vicieux ».

Tout ce qui vient d'être dit d'une façon si remarquable de la diction doit être dit du chant.

*
**

M. Ernest Legouvé, l'illustre « liseur », est-il d'un autre avis ?

Dans sa *Lecture en action,* il s'exprime ainsi : « Théodore de Banville a dit : « La rime est l'unique harmonie du vers français ; elle est tout le vers ». Si paradoxale dans la forme que semble cette théorie, elle est rigoureusement vraie dans le fond » (p. 116). En effet le paradoxe est hardi, et l'approbation surprenante. Mais Legouvé nous rassure un peu, en observant qu'il s'agit ici de la poésie moderne, construite d'après une Poétique toute différente de l'ancienne : « Voici, dit-il, les trois points de la *loi nouvelle...* ». 2° Richesse implacable de la rime... » (p. 116). Et c'est alors que viennent ces explications : « En face de *cette poétique et de cette poésie nouvelles,* quel est le devoir du lecteur ? *Chercher une diction nouvelle.* Il faut bravement prendre son parti, *oublier l'harmonie classique...* et surtout, avant tout autre loi, faire vigoureusement et toujours sonner la rime, *lui sacrifier même, s'il le faut, les lois de la syntaxe* » (p. 117). « La syntaxe grammaticale vous commande de joindre le verbe au régime. Oui. *la syntaxe le commande, mais la poétique actuelle vous le défend* » (p. 118).

Eh bien ! tant pis pour la poétique actuelle ! Je ne consentirai jamais, ni dans la diction, ni dans le chant, à sacrifier *les lois de la syntaxe, c'est-à-dire du bons sens.*

Heureusement pour nous qu'il s'agit de la poésie et de la poétique de nos Psaumes. Peut-être même s'agit-il d'une simple ironie.

Conclusion :

1° Dans la diction et dans le chant du vers il faut toujours respecter la syntaxe et le bon sens ;

2° La rime n'est pas tout le vers. Dans le chant, pas plus de barres de rime que de barres de mesure !

## Note III

*(page 159)*

# Daventès,
# et les origines du point d'orgue

Par loyauté documentaire, nous croyons devoir reproduire ici quelques lignes de Daventès, dans sa Préface (18 septembre 1560) du Psautier, où il exposait son invention de la musique chiffrée. Il parle d'une pause durant toute une mesure et d'un soupir durant une demi-mesure. Il ne dit pas quand il y a pause, et quand il y a soupir. Et le passage est assez difficile à comprendre. Peut-être est-ce pour cette raison, que je ne l'ai vu invoquer par personne, pas même par ceux dont il aurait pu servir plus ou moins les théories.

« Par les pauses et soupirs on entend la respiration et reprise d'haleine, qu'on fait *coutumièrement* entre deux vers par certaines mesures. Toutefois dans les Psaumes présents, il n'est question que des pauses par lesquelles on reprend son haleine, par l'intervalle d'une mesure entière, et des soupirs par lesquels aussi est signifié de retirer à soi l'haleine. Mais c'est seulement par l'intervalle d'une demi-mesure, qui se fait d'un seul baisser de main. Les pauses ont été représentées à la fin des vers, *où elles étaient nécessaires...* » (O. Douen, II, p. 493).

On remarque le mot *coutumièrement*, donc pas toujours, et surtout l'expression : « *où elles étaient nécessaires* », donc pas partout.

# TABLE DES MATIÈRES

# A LA DÉCOUVERTE
# DU VRAI CHANT DU PSAUME HUGUENOT

*(Deux études)*

Imprimeries Réunies
Ducros et Lombard
- Aberlen et Cⁱᵉ -
Valence - sur - Rhône
-      23-2-29      --